행복 7가지 인간
사용설명서

행복 7가지 인간 사용설명서

김현경 지음

이것은 하자인간을 인간답게
만들어 줄 최소한의 지침서입니다.

새
로
고
침

M&K

나는 자기계발서를 읽지 않았다

　나는 글자를 읽지도 못하던 시절부터 못 말리는 독서광이었다. 믿거나 말거나 어린 시절 단 한 번도 친구들과 공기놀이나 고무줄놀이를 해본 적이 없다. 책을 읽을 수도 있는 그 시간이 너무 아까웠다. 소풍이나 체육대회도 그래서 싫어했다. 남들은 책을 안 읽어 걱정이라는데, 우리 엄마는 지나치게 책에 집착하는 내가 걱정되어 정신과 의사이신 친척 분께 상담을 하셨을 정도였다. 감사하게도 그분은 다른 중독에 비하면 책 중독은 크게 걱정할 문제가 아니라고 답해 주셨다고 한다. 읽는 책의 종류도 가리는 게 없었다. 읽을 게 떨어지면 백과사전도 뒤적이고, 심지어 교과서도 재미로 읽었다. 중학교 때 점심시간에 혼자 도시락을 먹으며 교과서를 읽었던 기억이 난다. 가장 즐겨 읽은 건 물론 읽을거리가 많은 문학 교과서, 그 다음으론 가정가사 교과서를 좋아했다. 지금도 요리책 읽는 걸 좋아한다. 요리하는 건 그만큼 안 좋아한다는 게 함정이지만.

결국 그렇게 좋아하던 책을 직접 쓰는 작가를 업으로 삼게 되었다. 어른이 된 지금은 어린 시절보다 훨씬 균형 잡힌 인간이 되어 친구들과 노는 것도, 쇼핑하고 산책 다니는 것도 무척 좋아하게 되었지만, 여전히 삶에서 가장 행복한 순간은 혼자 여유롭게 책을 읽을 때이며, 가장 돈과 시간을 아끼지 않는 분야도 책인 것은 변함이 없다.

그런데 이렇게 책을 사랑하는 내가 유독 손을 대지 않는 분야가 자기계발서였다. 현재 우리나라 도서 시장에서 가장 큰 규모를 차지하고 있는 한 마디로 가장 잘 팔리는 분야가 바로 자기계발서인데 말이다. 누구나 선호 분야에 차이가 있기 마련이지만, 내 독서량과 범위를 감안해 볼 때 자기계발서 쪽은 '선호하지 않았다'기 보다는 '기피했다'고 해야 정확할 것이다. 어쩌다 시간이 남아돌고 달리 읽을 게 없을 때조차도, 난 베스트셀러 자기계발서보다는 차라리 연예인 가십으로 가득한 잡지 쪽을 택해 왔다.

결론적으로, 솔직히 말해, 난 자기계발서란 분야에 거부감이 있고 편견이 있었다. '삶의 비밀과 지혜, 그리고 격려와 치유가 이 한 권에'를 표방하고 쏟아져 나오는 얄팍한 책들이 너무나 못 미덥고 괘씸하게까지 보였다. 짧고 부족하지만 나의 독서와 사색의 경험에 비춰 보건대, 삶의 비밀과 지혜는 얄팍한 책 한 권에 담기엔 너무나 거대하고 복잡하며, 진정한 격려와 치유는 가벼운 독서 한 번으로 얻기엔 어림없는 가치라 믿었기 때문이다. 이 믿음은 지금도 변함이 없다. 그러나 지금처럼 도서 시장에서 자기계발서란 분야가 상업적으로 비대해진 상황이 아니었더라면, 그리고 자신을 '계발'해야 한다는 생각이 이렇게 널리 강요되는 분위기가 아니었더라면, 나는 선전하는 것처럼 자기계발서가 '만병통치약'이나 '정답지'까진 아니더라도, 때로는 좋은 '피로회복제'나 '비타민', 혹은 '참고서'가 될 수도 있다는 사실을 더 일찍 쿨하게 인정할 수 있었을 것 같다. 사실 과대광고야 누구라도 한다. 나만 해도 지난번 출간한 소설책의 광고 카피에 "드디어 한국에도 알랭 드 보통 같은 작가가 나타났다!"고 쓰지 않았던가?

비유하자면, 대중음악계에서 아이돌 팝 장르는 분명 그 고유한 존재 가치와 의미가 있음에도 불구하고, 지금처럼 상업적인 아이돌 팝 장르가 대중음악 시장을 비정상적으로 독식하고 있는 상황에서는 그 부작용 때문에 아이돌 팝에 관해 편견을 갖고 비하하는 사람들이 많아지는 것과 비슷한 원리라고 할 수 있겠다. 특히 시장에서 소외된 비주류 장르의 종사자들이나 팬들이 피해의식으로 인해 그런 편견에 빠지기가 더 쉬울 텐데, 바로 나에게 해당되는 얘기다. 나는 문학 중의 문학인 순수소설을 쓰는 사람이며, 인문학 중의 인문학인 역사를 공부한 사람이니 말이다. 한국 대중음악의 원조 팬이며 여러 장르와 더불어 아이돌 팝도 무척 좋아하는 나는 그동안 아이돌 팝 장르에 대한 피해의식과 편견을 드러내는 그 바닥의 '꼰대'들을 아니꼽게 여겨 왔는데, 내가 종사하는 분야에서는 나도 다를 바 없었다는 사실을 깨닫고 나니 부끄러웠다.

물론 어떤 경우라도 특정 분야가 시장을 독식하는 현상은 바람직하지 않다. 다양성이 줄어들면 소수의 취향이 소외된다는 것도 문제지만, 결국 그로 인해 전체 시장의 질적 발전까지 저해된다. 그리고 한 분야 안에서 지나친 경쟁이 벌어지게 되면 그만큼 좋은 물건도 나오지만 상업적 기획에만 치우친 저질품도 쏟아지기 마련이며, 마케팅 경쟁도 과열되어 온갖 과장 광고들이 판을 치게 되므로 소비자 입장에서는 좋은 물건을 고르기가 더 어려워진다. 따라서 소비자는 주변에서 정보를 쉽게 접할 수 있는 즉 광고를 많이 하는 물건을 고를 때 오히려 더 주의를 기울여야 한다. 얄팍한 상술에 넘어가 포장만 그럴싸하고 내용은 후진 물건을 고르게 되면 내가 지불한 몇 푼이 아까운 것도 문제지만, 그런 식으로 재미를 본 생산자들이 계속해서 비슷한 마케팅을 하면서 소비자들이 점점 더 피해를 보는 악순환이 일어나는 게 더 문제다. 얼굴은 잘 생겼는데 노래는 허접한 가수라면 그나마 TV 화면에서라도 우리를 즐겁게 해 주지만, 표지 예쁘고 작가 이름은 유명한데 내용은 허접한 책은 도대체 어디다 쓴단 말인가. 지하철에서 들고 허세를 부리거나 셀카 소품으로만 활용하기엔 만 원이 넘는 가격이 과하지 않은가 말이다.

내가 출판업계 종사자로서 자기계발서에 대한 편견을 접고 이 분야를 파 봐야겠다는 생각을 하게 된 것에 사실 특별한 계기가 있었던 것은 아니다. 나는 원래 어린 시절부터 아무 이유 없이 뭔가에 꽂혀서 혼자 연구 분석해 보는 취미가 있었는데, 내가 좋아하는 분야인 경우도 있었지만 외려 낯설거나 어려워하는 분야인 경우도 많았다. 실제로 어린 시절 곤충 혐오증이 있던 사람이 곤충학자가 되거나 대인기피증 기질이 있는 사람이 인간관계 상담 전문가가 되는 경우가 꽤 있다고 한다. 그러나 두 번째 소설 출간을 준비하고 있던 어느 날 갑자기 자기계발서에 관심을 갖게 되었을 당시만 해도, 내가 자기계발서를 직접 쓰게까지 될 줄은 상상도 못했다.

생전 안 읽던 분야의 책을 읽으려니 무얼 골라야 할지 감이 안 잡혀 우선 친구들과 지인들에게 추천을 받았었다. 가장 활용하기 편한 것이 베

역사학 분야라든지 스릴러 소설 분야의 책을 고르겠다면 추천을 부탁할 이가 한정되어 있었겠지만, 자기계발서는 워낙 대중적인 분야인지라 통 독서에 취미가 없는 친구부터 거의 모든 이들로부터 답을 들을 수 있었다. 알아주는 독서광인 내가 새삼스레 그동안 '책으로도 안 쳐주던' 자기계발서를 추천해 달라니 다들 의아하고 재미있어 하면서 책 제목과 더불어 한두 마디씩 덧붙여 답해 주었는데, 그 말들이 나의 흥미를 자극했다.

뜻밖에 자기계발서에 대해 좋은 말을 하는 사람들이 몇 없었다. 한때 자기계발서를 즐겨 읽었지만 지금은 읽지 않는다는 말이 가장 많았다. 실제로 몇 년 전부터 한창 폭발하던 자기계발서 유행이 최근 수그러드는 추세인데, 이는 거품이 꺼져가는 자연스러운 현상으로 볼 수 있을 것이다. 문제는 거품이 꺼지며 좋은 책들이 걸러져 남는 것에 그치지 않고, 그동안 양산된 저질 상품에 실망한 독자들이 아예 이 분야를 멀리하게 될지도 모른다는 것이다. 사람들의 자기계발서에 대한 불만은 대강 다 비슷했다. 요약해 보면 다음과 같다.

① 한두 권 읽어보면 결국 다 빤한 얘기다.
② 읽을 때는 좋은데 실질적으로 도움이 안 된다.
③ 자기 자랑이 심하고 가르치는 투라 기분 나쁘다.
④ 너무 거창한 얘기라 공감이 안 간다.
⑤ 처음부터 끝까지 똑같은 얘기로 책 한 권을 대강 채운 느낌이다.

이 가운데 ①번과 ②번은 장르적 특성이라 어쩔 수 없는 면이 있을 것이다. 원래 삶의 원리나 교훈은 다 빤한 면이 있다. 성경이나 불경이나 신앙심 내려놓고 보면 겹치는 내용이 많지 않던가. 빤한 이야기를 새롭게 풀어내는 책, 읽는 이의 마음을 변화시키는 책이 정말 좋은 책이겠지만, 그것은 독자의 마음 자세에 달린 문제이기도 하므로 일단 보류하자. 한편 ③번과 ④번은 저자의 성향에 따른 문제라고 볼 수 있는데, 독자 성향과의 궁합 문제이기도 하고, 유행을 타는 면도 있는 것 같다. 한때는 따뜻한 어투의 '힐링'이 대유행이더니 다음으론 정곡을 후벼 파는 '독설'이 유행한 것처럼 말이다. 그래도 자기계발서는 어디까지나 실용서이므로 그 책을 선택한 독자들에게는 실질적인 도움이 되어야 좋은 책이라 할 수 있을 것이다. ⑤번은 명백히 품질의 문제이다. 요즘 이른바 '질소 한 봉지를 샀더니 과자를 몇 조각 주는' 것과 같은 과대 포장은 자원 낭비와 소비자 기만으로 비판을 받아야 마땅하다.

이 같은 의견들 중에는 내가 그동안 자기계발서에 갖고 있던 편견과 정확히 일치하는 것도 있었고, 읽어본 적이 없는 나로선 생각지도 못한 것도 있었다. 이런 비판들에 대해 직접 검증을 해 보고 싶다는 생각이 들고 보니 지인들로부터 추천받은 몇 권만 읽어서는 턱도 없을 것 같았다. 결국 나는 최근 몇 년 간 자기계발 분야의 그렇게나 불신하던 베스트셀러 리스트를 구해 몇 달 동안 50권이 넘는 책을 읽었다. 마침 원고를 완성해 놓은 소설책의 출간일이 출판사 사정으로 몇 달이나 미뤄지는 바람에 무척이나 무료하고 심난해진 참이었다.

그러고 나니 비로소 내가 갖고 있던 편견이 벗겨지면서 자기계발서의 진정한 가치와 함께 독자들이 말했던 문제점들의 실체가 보이기 시작되다. 이 책의 기획은 거기서 출발했다. 실제로 내가 읽은 50여권의 자기계발서들 가운데는 곁에 두고 몇 번이나 다시 읽고 싶을 정도로 좋은 책들도 있었다. 대부분 빌려 읽거나 중고서적으로 구입해 읽었는데, 소장가치가 있다고 느껴서 새로 산 경우도 몇 권 있었다. 다른 한편 빌린 것만 아니면 당장 불태워 버리고 싶을 정도로 실망스러운 책도 있었다. 끝까지 읽느라 버린 내 시간은 몇 시간 안 된다 해도, 이런 허접한 내용으로 베스트셀러에 오르다니, 이건 사기에 가깝지 않나 싶어 분노가 치밀었던 것이다.

최근 몇 년간 화제에 올랐던 책들은 대강 다 읽었다고 판단했을 때 그동안 읽은 50여권을 모두 A, B, C등급으로 평가해 보았다. A등급은 다시 읽고 싶을 정도로 좋았던 책, B등급은 읽을 때는 고개가 끄덕여졌으나 특별히 남는 것은 없었던 책, C등급은 읽은 시간이 아깝다는 생각이 들었던 책이었다. 다 평가하고 집계를 내 보니 그 비율이 1 : 1 : 1 정도였다. 내가 애초 편견을 갖고 예상했던 것보다는 좋은 책이 훨씬 많았다. 다만 A등급에 속한 책들 가운데서는 말이 자기계발서지 실은 인문학 또는 사회학 서적으로 분류해야 할 듯한 책들도 꽤 있었다. 아마 보통의 자기계발서를 예상하고 그 책을 구입한 독자는 생각보다 전문적이고 어려운 내용에 조금 당황했을지 모른다. 누가 봐도 아이돌보단 특정 장르 뮤지션을 꿈꿨던 것 같은 사람인데, 요즘 아이돌만 장사가 되다 보니 억지로 그룹에 끼어서 힘겹게 춤을 추면서도 나름의 개성으로 인기를 누리는 '가창력 담당 멤버'를 보는 느낌이었달까. 나는 아이돌그룹에서도 대개 그런 멤버를 좋아한다.

물론 책에 대한 평가는 읽는 이의 취향과 필요에 따라 다를 것이다. 위의 평가는 전적으로 내 기준에 의거한 것일 뿐이다. 그러나 개인적 시각을 최대한 배제하고 일반적인 기준에서도 전혀 기본에도 못 미치는 책들이 많았던 것 또한 놀라웠다. 연간 베스트셀러에 올랐던 책들 중에서도 이런데, 매달 쏟아져 나오는 그 수많은 자기계발서들 가운데 얼마나 독자들을 실망시키는 책이 많을까 생각하니 씁쓸하기도 하고 걱정도 되었다. 잘만 고르면 정말 인생을 바꾸는 계기가 될 수도 있을 책들인데⋯. 해서 처음에는 "좋은 자기계발서란?"과 같은 주제로 간단히 에세이나 써 볼 마음이었다. 그런데 구상을 하다 보니 점점 더 욕심이 났다.

사실 자기계발서를 쓰는 데는 전문적인 지식이나 대단한 업적이 필요하지 않다. 자기계발서를 읽을 때 인문서나 고전을 읽을 때처럼 배경 지식을 쌓거나 인식 세계를 단련하기 위해 특별히 노력할 필요까지는 없는 것과 같다. 우리와 별 다를 바 없는 평범한 인생 선배들이 단지 반 발짝 앞서가며 얻은 생생한 지혜와 열정, 그것을 나누려는 진심만 있으면 독자들은 충분히 감동 받고 변화 받을 수 있다. 그렇다면 나도 보잘 것 없긴 하지만, 지금까지 독서광으로서 그리고 인문학도로서 살아오며 얻은 지식과 분석력, 그리고 어린 시절부터의 꿈을 따라 작가의 길에 들어서기까지 내 삶을 이끈 열정과 그 과정에서 얻은 교훈, 누구나처럼 불안하고 답 없는 길을 가고 있지만 나의 삶은 분명 행복하고 의미 있다고 믿는 자신감, 반은 꿈을 위해 반은 생계를 위해 연마한 글재주, 이 정도면 적어도 내가 결론지은 '좋은 자기계발서'의 기준에 맞는 책 한 권은 쓸 수 있지 않을까 하는 희망이 생겼다.

그러니까 이 책은 지금까지 지나친 유행과 상업성 때문에 자기계발서란 분야에 실망과 회의를 느꼈던 사람들, 그리고 편견으로 무조건 멀리했던 사람들로 하여금 자기계발서의 진정한 가치를 만나보게 하고 싶은 마음에서 집필했다. 위에서 열거했던 독자들의 다섯 가지 불만 사항이 바로 내가 생각하는 '좋은 자기계발서'의 기준이고, 이 책이 지향하는 목표라고 보면 된다. 요약하면 다음과 같다.

	기존 자기계발서에 대한 독자들의 불만 사항		좋은 자기계발서의 조건
1	한두 권 읽어보면 결국 다 똑같은 얘기다.		보편적인 가치들 중에서도 평소 소홀히 여기기 쉬운 중요한 지점을 새롭게 일깨워 준다.
2	읽을 때는 좋은데 실질적으로 도움이 안 된다.		일상에 적용할 수 있는 구체적이고 실용적인 지침들이 풍부하다.
3	자기 자랑이 심하고 가르치는 투라 기분 나쁘다.	개선 ⇒	일방적인 교훈이나 특정 가치를 강조하기보다는 다양한 이들의 성향과 목표를 존중하는 견해를 견지한다.
4	너무 거창한 얘기라 공감이 안 간다.		환상을 조장하기보다는 철저히 현실적이고 객관적인 근거에 의거한다.
5	처음부터 끝까지 똑같은 얘기다.		최대한 다양한 분야에 관해 군더더기 없이 알찬 조언을 담는다.

[표1] 이 책의 집필 동기와 방향

이렇게 하나하나 짚어가다 보니, 결국 자기계발서의 '완결판 혹은 끝판왕'을 쓰고 말겠다는 지나치게 야심찬 계획처럼 보인다. 그렇다고 뭐가 문제이겠는가? 혹시나 정말로 이 책이 대한민국 자기계발서의 '완결판 혹은 끝판왕'이 될지도 모르지 않는가? 바로 몇 달 전까지만 해도 자기계발서라면 읽어 보려고도 하지 않던 비판적이고 자만심 가득한 소설가가 자기계발서의 '완결판 혹은 끝판왕'에 도전하려는 이 흥미진진하고 패기만만한 여정에 바로 당신이 '신의 한 수'를 놓아 주시지 않겠는가? 모든 책은 독자가 읽는 바로 그 순간에야 완성되는 법이니 말이다.

물론 이 도전이 성공한다면 그것은 또한 나와 당신이 지금까지 읽은 수많은 다른 책들에 빚진 결과이기도 할 것이다. 특히나 내가 몇 달간 속성 코스로 공부했던 자기계발서 분야의 베스트셀러들에게 말이다. 내가 이 책을 구상하는 데 영감과 근거가 되어 주었거나 독자분들에게 추천할 만한 몇몇 좋은 책들에 관해서는 내용 중 인용을 하며 출처를 밝히거나 제목을 거론할 것이다. 사실 불태워 버리고 싶었던 책들도 반면교사로서 분명 영감을 주었지만, 그런 책들의 제목까지는 굳이 밝히지 않겠다.

자, 이제부터 한 걸음씩 내딛어 보자!

『7가지 인간 행복 사용 설명서』 목차 및 안내도

들어가는 말 "나는 자기계발서를 읽지 않았다."

PART 1.
내 꿈 사용 설명서 [첫번째 새로고침]

행복을 향한 길고 긴 여정에 오르기 전,
'내 인생의 지도' 그 밑그림부터 제대로 그리는 법을 배워보자!
사회 풍조, 타인들의 시선, 스스로에 대한 오해와 착각에서 벗어나
진정한 나의 꿈과 올바른 길을 찾기 위해 꼭 알아야 할 몇 가지 사실들.
행복한 인생을 결정하는 요소, 인간을 움직이는 세 가지 근본적인
힘과 가치 등 과학적인 분석을 통해 "내 꿈"을 사용하는 노하우를
얻어가는 장.

내 돈 사용 설명서 [두번째 새로고침]

행복을 향한 여정에서 가장 유용하면서도 가장 위험하기도 한 무기, '돈'!
돈에게 끌려 다니는 것이 아니라 내가 돈을 끌고 다니기 위해
필요한 몇 가지 유용한 비결들을 습득하여 "내 돈" 사용 비법을
구상해 볼 수 있는 장.

PART 3.
내 마음 사용 설명서 [세번째 새로고침]

행복을 향한 여정은 결코 만만치 않다. 전쟁과도 같은
그 여정에서 상처 입을 수밖에 없는 내 영혼을 버티어 줄
보호 장비와 구급약품 준비는 필수!
정신의학과 심리학의 최신 연구 성과에 기반한 간단하고도
효과적인 우울증 자가 진단법과 치료법들에서부터
'멘탈 셀프 힐링법'까지 "내 마음"을 사용하는 마인트 컨트롤의
모든 것이 담긴 장.

PART 4.
내 의지 사용 설명서 [네번째 새로고침]

몸의 힘과 마찬가지로 마음의 힘에도 구조와 종류가 따로 존재한다.
멀고도 험한 행복의 여정을 완주하는 데 필요한 의지를
'마음의 대근육'이라 한다면, 곳곳에서 마주칠 게으름과 무절제의 함정을
뛰어넘을 수 있는 요령은 '마음의 잔근육' 키우기라 할 수 있다.
'습관 뜯어고치기' 비결에서부터 구석구석 강하고 아름답게 균형 잡힌
마음의 온갖 근육을 키우는 비결들을 일목요연하게 정리,
"내 의지"를 자유자재로 사용하는 비법이 담긴 장.

내 몸 사용 설명서 [다섯번째 새로고침]

환경 파괴, 과잉 정보, 기술 남용, 교묘한 상술… 등등등.

우리가 건강을 지키려면 세상에 맞서 싸워야만 하는 이 시대!

속지도 말고 절대 포기해서도 안 된다.

내 몸을 내가 지키기 위해 갖춰야 할 몇 가지 필요충분조건들을

작가의 경험담을 통해 진솔하게 풀어내 "내 몸" 사용법을 익히는 장.

PART 6.
내 인간관계 사용 설명서 [여섯번째 새로고침]

인생의 모든 문제는 궁극적으로 인간관계에서 비롯된 문제.

누구에게나 영원한 수수께끼 같은 사람의 마음과 마음 사이에도

일반법칙은 존재한다! '인간 심리의 기본 해부도' 에서부터

관계의 실마리를 푸는 데 없어서는 안 될 몇 가지 열쇠들을 소개한다.

성공적인 인간관계 유의점, 인간관계 개선을 위한 전략,

싫은 사람과 관계하는 비법 등 최신 성격심리학을 통해

"내 인간관계" 사용법을 익혀 아름다운 인간관계 능력자로

다시 태어나게 해주는 장.

내 입 사용 설명서 [일곱번째 새로고침]

인간관계의 마스터 키이자 양날의 검, '화술(話術 : 말하기 기술)'!
화법 원론과 기초부터 다양한 실전 상황까지,
지금 바로 써먹을 수 있는 말하기 전략들과 훈련법을 익힌다.
상담, 설득, 거절, 싸움, 유머, 배려의 살아있는 비법을
해부하는 것은 물론이고 말하기 울렁증 극복 프로젝트와
말 안 통하는 사람과 소통하는 전술까지 "내 입"을
내 뜻대로 사용하는 노하우를 습득해보는 장.

PART.1

내 꿈 사용 설명서
[첫번째 새로고침]

꿈 타령하는
세상 ; 꿈과 성공의 상관관계

진지한 이야기를 하려면 무엇보다도 주제어의 분명한 의미에 대한 합의가 우선인 법이다. "자기는 날 사랑하는 게 아냐!" "젠장, 네가 말하는 사랑이란 게 뭔데?!" 이런 대참사만은 피해가야 하니까 말이다.

자기계발서에서 가장 많이 말하는, 역시 이 책에서도 첫 장의 주제인 '꿈'과 '성공', 이 두 단어의 관계부터 정리해 보자. "누구나 꿈ⓐ이 있고, 그 꿈을 이루는 것이 성공ⓐ하는 삶이다." 정도가 되겠다. 반대로 "난 성공ⓑ하는 것이 꿈ⓑ이다."라고 생각한 사람이 있다면, 이 책에서 '성공'이란 말은 그보다 훨씬 넓은 범위의 의미로 쓰였다는 것을 유념해 주기 바란다. 성공ⓑ는 아마 돈을 많이 벌고, 출세하고, 한 분야에서 높은 지위에 올라가는 것을 의미할 텐데, 이것을 성공이라 불러도 꼭 틀린 말은 아니겠지만, 개인적으로 이런 '좁은 의미에서의 성공'은 '성취'라는 말로 바꾸어 써서 혼동이 없도록 하면 좋겠다고 생각한다. 부와 명성과 높은 지위를 얻는(=성취하는) 것만이 모든 사람들이 꿈꾸는 삶은 아닐 테니 말이다.

여기서 "무슨 소리야? 자기 능력껏 자족할 뿐이지, 실은 가능하다면 모두가 꿈꾸는 삶이 그것 아닌가?"라고 생각했다면, 그런 생각이야말로 지금껏 자기 삶에서 부딪친 많은 문제의 결정적 원인이었다는 사실을 깨닫기 바란다. 본래 이 세상은 수많은 사람들이 각기 다른 삶의 모습을 꿈꾸도록 만들어졌다. 모두가 비슷비슷한 삶을 꿈꾸도록 몰아가는 현재 우리 사회의 풍조는 대단히 부자연스러운 것이며, 실제로 이런 잘못된 풍조에도 불구하고 많은 사람들이 본성이 이끄는 대로 다양한 꿈을 추구하고 있다. 상업적이고 획일적인 대중매체들에서 눈을 돌려 나 자신과 바로 곁에 있는 이웃들의 진심을 하나하나 가만히 들여다보면 알 수 있는 사실이다.

그럼 '성공'에 대한 의미 정의는 되었으니, 다음은 '꿈'으로 넘어가 보자. 요즘 각종 매체에서 지겨울 정도로 많이 다루어지는 '꿈'에 대한 이야기들의 요지는 대강 다음 세 가지로 분류된다.

	꿈에 대한 이야기	누가 하는 말?
1	포기하지 말고 네 꿈을 향해 달려라!	대개 역경을 이겨내고 많은 것을 성취한 사람들
2	남들과 똑같은 삶에 안주하지 말고 너만의 꿈을 가져라!	대개 공부를 많이 하고 호감 가는 캐릭터를 가진 분들
3	허황된 꿈에 속지 말고 마음을 비워라!	대개 스님들

[표2] 꿈에 대한 대표적 이야기들

이 세 가지 이야기 중 나의 성향에 따라, 또 상황에 따라 더 마음에 와 닿고 그렇지 않은 편이 있을 것이다. 그렇다면 여기서 꿈에 관해 이야기하려는 요지는 셋 중 어느 편에 가까울까?

결론부터 말하면 세 편 모두이다. 앞서 힌트가 있었는데, 본래 꿈은 사람마다 다르며 상황에 따라 달라지는 것이기 때문에 그때그때 필요한 태도나 조언 또한 달라질 수밖에 없다. 좀 허무한 결론이란 생각이 들지 모르지만, **꿈은 모두가 다른 것이 정상**이라는 사실은 우리의 성공을 향한 여정에 확실한 길잡이이므로 마음에 새겨 두기 바란다. 타고난 기질과 성장기의 경험으로 인해 부와 명예와 출세를 열망하는 사람들이 있는 반면, 전혀 그렇지 않은 사람들도 있다. 아무리 많은 돈과 지위를 준다 해도 여유로운 혼자만의 시간, 지금껏 쌓은 지식, 주변 사람들과의 친분과 결코 바꾸지 않을 사람들이 많이 있다. 그들은 욕심이 없는 것이 아니라 다른 쪽에 욕심을 가진 것이다. 흔히 물질적인 가치와 힘의 논리에 따라 살아가는 사람들은 정신적인 가치와 사랑의 논리에 따라 살아가는 사람들을 보고 현실을 몰라서 그렇다고 생각하기 쉽다. 틀린 생각이다. 실제로 그렇게 돌아가는 세상이 있다. 그것도 분명 현실이며, 역사를 끌어가는 한 축의 힘이다. 물론 전적으로 일관된 논리에 따라 살아가는 사람들은 많지 않다. 대부분의 사람들은 상반된 논리가 적당히 섞인 채로, 때론 그 가운데서 갈팡질팡하며 살아간다. 그렇기 때문에 나의 논리가 전혀 통하지 않는 사람이나 세상을 만났을 때 부정이나 분노에 빠져서는 안 된다. 당황스럽고 혼란스러운 것은 당연하겠지만, 상대를 최대한 빨리 인정해야 한다. 중요한 것은 사실fact이다. 착각과 욕심으로 어두워지고 비뚤어진 각자의 색안경을 벗고, 현실을 최대한 있는 그대로 보도록 노력해야 한다. 그것이 성공적인 삶으로 가는 데 있어 아주 중요한 비결이다.

그런데 어떤 세상에서 어떤 가치에 따라 살고 있더라도, 모든 사람들이 가진 꿈에 심지어 "나에게 꿈 따윈 없어"라고 말하는 사람의 마음 속에까지 공통적으로 들어가는 요소가 있다면 단 하나, 바로 '행복'일 것이다. 돈을 많이 벌고 싶든 살을 빼고 싶든 세계 평화를 이루고 싶든 누군가를 죽이고 싶든, 궁극적인 목표는 그로 인해 자신이 좀 더 행복해지고 싶다는 마음이다. 길은 모두 다르지만 결국 목적지는 하나인 셈이다. 우리가 '꿈'을 두고 그렇게 많은 고민과 시행착오를 하게 되는 것은, 당장 내 마음 속의 꿈을 이룬다 한들 그로써 과연 진정한 행복을 얻을 수 있을지 확신할 수가 없기 때문일 것이다. 그렇게 찾아 헤매던 파랑새가 바로 우리 집 새장 안에 있었다는 우화가 그토록 마음을 울리는 이유가 무엇이겠는가.

그렇다면 이쯤에서 '성공적인 인생이란, 행복이란 꿈을 이루는 것'이라고 결론을 내릴 수 있겠다.

행복의
과학

그런데 이 행복이란 말의 의미가 통 얄궂으니 그게 문제다. 국어사전에 보면 '행복'이란 단어의 정의는 '생활에서 충분한 만족과 기쁨을 느끼어 흐뭇함. 또는 그런 상태'라고 되어 있지만, 진짜 행복은 그렇게 단순한 얘기가 아니라는 사실은 아마 중학교 2학년만 되어도 모두 알 것이다. 중 2병은 바로 이 깨달음에서 비롯되는 걸지도 모른다. 어쨌거나 "나는 행복한가?"는 철저히 주관적인 질문이므로 답은 자기 자신밖에 할 수가 없는데, 사람의 마음이란 게 참으로 간사한지라 아무리 주관적인 평가라도 신뢰도가 너무 떨어지는 것이 문제다.

사람의 마음이 얼마나 간사한지에 관한 수많은 실험과 논증들로 가득한 흥미로운 책 〈넛지Nudge〉리처드 탈러 & 캐스 선스타인 지음, 안진환 옮김 / 리더스북 / 2009에서 읽은 이야기이다. 한 실험에서 대학생들에게 두 가지 질문을 했다. 'a)현재 얼마나 행복한가?' 'b)데이트를 얼마나 자주 하는가?' 두 질문이 이런 순서였을 때, 그 답의 상관관계는 매우 낮았다11%. 그러나 순서를 바꿔 데이트 관련 질문을 먼저 하자 두 질문의 상관관계가 62%까지 크게 높아졌다. 데이트 경험에 대해 떠올리느냐 마느냐, 즉 지금 기분 좋은 생각을 했느냐 기분 나쁜 생각을 했느냐의 여부가 나의 현재 행복을 평가하는 기준에 영향을 준다는 것이다. 정말이지 이런 실험 결과를 보면 웃음이 터진 후 기분이 더러워지는 묘한 경험을 하게 된다. 이게 다일 것 같으면 행복을 위해서 우리가 그토록 고민하고 노력할 이유가 뭐가 있겠는가? 당장 간단히 끊었던 담배라도 피워 물면서 "아, 난 분명 지금 행복해!"라고 자가 설문지에 답하면 그만 아니겠는가.

행복은 국어사전의 정의와 같이 기분이나 상태가 결코 아니다. 만족스러운 기분이나 상태가 평생 지속되는 사람은 지구상에 단 한 명도 없을 것이다. 또 한 순간이나마 모든 것이 전적으로 만족스러운 기분이나 상태를 느낄 수 있는 사람은 갓난아기나 득도한 사람 말고는 없을 것이다. 사실 사람이 언제나 만족감을 느낄 수는 없으며, 완벽한 만족감을 얻기도 어렵다는 점을 항상 염두에 두고 있는 것은 행복한 삶을 사는 데 아주 중요한 비결이다. 결론을 말하면 행복은 나의 과거에 대한 해석, 현재의 기분, 미래에 대한 기대를 종합적으로 평가한 결과이다. 이 모든 것이 현재의 기분에 지나치게 영향을 받기 쉽다는 맹점이 있긴 하지만 말이다. 그러니까 내 인생의 행복 점수를 매겨볼 때는 최대한 앞뒤로 멀리 보고 평가하도록 노력해야 한다.

그렇다면 이제 행복이란 꿈을 이루기 위해서는 구체적으로 무엇이 필요한지 살펴보자. "나는 행복한가?"에 대한 답은 각자가 할 수밖에 없지만, 그 답을 기준으로 수많은 사람들이 꼽은 조건들을 통계로 내본다면 평균적으로 행복해지기 위해 필요한 조건들이 무엇인지 대강

짐작할 수 있을 것이다. 미국의 과학자들이 이런 식으로 만든 자료를 '행복의 과학 The Science of Happiness'이라는 제목으로 웹사이트에 공개했다 Happify.com. 어떤 기준으로 조사하고 통계를 냈는지 정확히는 알 수 없지만, 내가 지금까지 살면서 느끼고 공부하면서 깨달은 것과 여러 가지로 비슷한 수치를 보이고 있기에 즐겨 인용하는 자료이다.

가장 우선적으로 중요한 통계는 행복한 인생을 결정하는 요소의 비율이다.

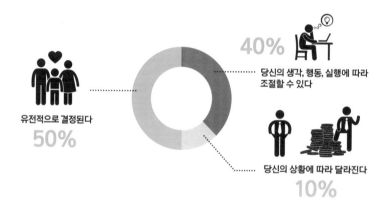

40%
당신의 생각, 행동, 실행에 따라 조절할 수 있다

유전적으로 결정된다
50%

당신의 상황에 따라 달라진다
10%

[그림1] 행복한 인생을 결정하는 요소

이 통계를 보고 무슨 생각이 들었는가? 아마 대부분은 행복을 결정하는 요소의 무려 50%가 유전적 소인, 즉 내가 어찌할 수 없는 부분이라는 데 충격을 받았을 것이다. 나도 그랬다. 믿고 싶지 않을지도 모른다. 물려받은 재산이라면 그래도 납득이 좀 될 것 같은데, 분명히 '유산'이 아니라 '유전'이니 그것도 아니다.

"이건 대체 어디서 주워 온 돌팔이 자료야? 무슨 근거로 하는 말인데?!" 하고 반발하는 분들을 위해 이를 확실히 뒷받침하는 다른 자료를 제시하겠다. 바로 정신질환 유발 요인의 약 50%가 유전이라는 사실이다. 엄격한 실험과 방대한 통계 자료에 근거한 정신의학계의 최신 연구 결과에 따르면 그렇다. 우울증, 조울증, 정신분열증, 공황장애, 강박증, 경계성장애, 치매, 거식증, 불면증 등 각종 정신질환은 대부분 50% 이상 유전적 요인에 의해 생긴다. 이 가운데 그나마 가장 유전 영향이 덜한 것이 우울증인데, 그러니까 우울증 환자가 환경적 조건을 반영하는 지표가 되는 것이다. 그래도 유전적 요인이 30~50%라고 한다. 즉 정신적 건강을 결정하는 요인의 약 50%가 유전이라니, 결국 그게 그 얘기인 셈이다.

억울하고 분하게 느껴지기도 하겠지만 이게 현실이다. 현실은 빨리 인정하는 것이 행복해지는 데 가장 중요한 비결이니, 일단 인정하고 보자. 내가 누리는 것들에도, 남들이 못 누리는 것들에도 실상 본인의 책임이 절대적이라 할 수 없다는 사실을 받아들이고 나면 사람이 겸손해질 수밖에 없다. 그러고 나서 잘 따져보면 이 이치가 그렇게 이상한 일도 아니고 좌절할 일도 아니라는 걸 알 수 있다.

우선 이상한 일이 아닌 게, 정신적 건강의 원리는 육체적 건강의 원리와 거의 마찬가지이기 때문이다. 사실 정신적 건강과 육체적 건강은 딱 분리해서 생각할 수 있는 문제도 아니다. 우리는 신체적 조건과 체질의 많은 부분을 유전적으로 타고난다. 아무리 철저히 관리하고 단련한다 해도 유전적으로 타고난 한계를 넘기는 어렵다. 예를 들어 성장기의 충분한 영양 섭취는 신체 발달에 매우 중요하다. 그러나 어린 시절 사정이 어려워 배를 곯고 자란 사람이 잘 먹고 잘 자란 사람보다 키가 훨씬 큰 경우도 얼마든지 있다. 과음과 흡연은 각종 성인병의 치명적인 유발 요인이다. 그러나 평생 실컷 술 마시고 담배 피우면서도 큰 병 없이 사는 사람이 있는가 하면, 깨끗한 환경에서 건강한 생활습관을 유지하며 살았는데도 불구하고 젊은 나이에 암환자가 되는 사람도 있다. 정신적 건강 체질도 이와 같다. 아무리 처한 환경이 어려워도 긍정적으로 잘 버틸 수 있는 성격이 있는가 하면, 같은 상황에서도 남들보다 쉽게 상처받고 우울증에 빠지기 쉬운 성격도 있다. 이러한 성격적 체질은 신체적 체질과 마찬가지로 유전적으로 타고난 성향과 유아기 때의 성장 환경에 따라 대부분 결정된다.

그러나 좌절할 일도 아닌 것은, 어쨌든 행복해지는 데 ^{또는 정신적 건강} _{을 유지하는 데} 우리의 노력으로 가능한 여지가 분명 40%나 된다는 사실이다. 예를 들어 생각해 보자. 명확히 수치로 따지기 어려운 문제이긴 하지만, 대충 평균 정도의 행복감을 느끼며 살 수 있는 점수가 100점 만점에 65점 정도라고 쳐 보자. 아까의 통계에 따르면 이 가운데 '유전 점수'가 50점, '노력 점수'가 40점, '상황 점수'가 10점인 셈이다. 상황 점수는 때에 따라 달라지니 일단 중간인 5점으로 두고, A라는 사람은 '유전 점수'가 20점, B는 40점이라고 해보자. B가 타고난 건강, 재능, 가정환경 등의 조건이 A보다 두 배는 더 좋다는 의미이다. 확실히 불공평한 출발이다. 그러나 여기서 A는 자기 자신의 타고난 조건과 현재 처한 상황에 대해 분명히 파악하고 성공적인 삶을 위해 최선을 다해 적절한 노력을 기울인다. B는 아무 생각 없이 남들 사는 대로 대충 살아간다. A의 '노력 점수'는 만점인 40점, B의 노력 점수는 10점이다. 결국 총점은 A는 65점, B는 55점이다. A는 타고난 조건이 몹시 열악함에도 그럭저럭 괜찮은 삶을 살지만, B는 상황이 아주 좋아져 10점이 된다 해도 60점으로 평균치의 행복에 미치지 못하는 삶을 살게 된다. 실제로 충분히 가능한 이야기다. 내 주변 지인들 가운데서도 A와 B의 예시에 가까운 인물들을 바로 떠올릴 수 있을 정도다.

더 희망적인 사실은 여기서 10점인 '상황 점수'는 대체로 총점에 따라 오르내리는 경향이 있다는 것. 즉 내가 현재 행복감을 느끼며 살고 있을수록 내 주변에 좋은 사람들이 많이 모이고 일도 잘 풀릴 가능성이 많다는 얘기다. 천재지변이 없는 한은 말이다.

물론 그렇다 쳐도 비슷하게 노력해도 행복하게 살 가능성이 훨씬 낮은 A쪽에 역시 지나치게 불리하고 부당한 게임이라는 생각은 지울 수가 없다. 그러나 여기 또 다른 중요한 사실이 하나 있다. 대부분의 유전인자는 행복하게 사는 데 얼마나 유리한지 딱 떨어지게 점수를 매길 수 있는 것이 아니라, 나름의 강점과 약점이 있으므로 처한 환경에 따라 얘기가 달라진다는 점이다. 간단한 예를 들어, 몸에 열이 많은 체질은 추울 때는 남들보다 활동하기 유리하지만 더운 날은 취약이다. 타인의 감정에 잘 공감하고 분위기를 잘 맞추는 사람은 남의 호감을 사고 친구를 잘 사귀지만, 그만큼 감정기복이 심하고 한 가지 일에 집중하기가 어렵다. 경쟁을 좋아하는 성격이라면 우리나라처럼 경쟁이 심한 사회에서는 쉽게 적응하고 사회적으로 성공하기도 유리하겠지만, 경쟁을 중요한 가치로 치지 않는 북유럽이나 몽골 같은 나라에 가면 성질 죽이며 사느라 좀이 쑤실 것이다.

사회적 분위기에 따라 성격적 특성이 강화되는 측면도 있긴 하다. 즉 경쟁적인 사회에서 사람들이 더 경쟁적인 성향을 띠는 것도 사실이다. 그러나 기본적으로 경쟁을 좋아하는 성격은 타고난다는 것이 정설이다. 경쟁성은 인간 성격을 측정하는 도구인 다섯 가지 기준인 외향성, 신경성, 성실성, 친화성, 개방성 중에서 '외향성'과 관련이 있다. 이 다섯 가지 기준은 성격심리학자들이 개발한 최신 도구로서 앞으로도 종종 활용될 텐데, 자세한 설명은 나중에 하겠다. 외향적인 성격일수록 경쟁을 좋아하는 편이며, 이런 성향의 차이는 신생아 때부터 관찰된다고 한다. 〈콰이어트Quiet〉 수전 케인 지음, 김우열 옮김 / (주)알에이치코리아 / 2012는 외향적 성격을 유독 선호하는 미국의 사회적 분위기 속에서 저평가되고 불이익을 보는 내향적 성격의 가치와 더불어 타고난 성격의 장단점을 살리는 요령을 아주 잘 설명해 놓은 책이다. 아시아는 기본적으로 미국보다는 훨씬 내향적 성격의 가치를 높게 쳐주는 문화적 전통이 있지만, 미국 문화의 영향을 많이 받는 우리나라는 미국을 따라 점점 더 경쟁과 외향성을 중시하는 분위기로 가고 있는 것 같다.

그런데 또 경쟁적인 사회라고 반드시 경쟁적인 성격이 유리한 것만도 아니다. 경쟁에는 이점만 있는 게 아니라 부작용도 있는데, 여기에 균형감각을 잃고 무작정 휘말리기 쉽기 때문이다. 내 경험상 우리나라처럼 경쟁이 심한 사회에서는 극단적으로 경쟁을 즐기는 성격이 아니면, 경쟁심이 아주 없어서 분위기에 별 영향도 안 받는 성격이 차라리 유리한 것 같다. 어설프게 평균 정도 경쟁심 있는 사람들은 무리하게 휘말려서 탈진하기 십상인 판이다.

그래도 역시 억울하다. 지금 내가 속한 사회에서 주류가 되는 데,

혹은 내가 원하는 길을 가는 데 불리한 조건을 타고난 것도 역시 운이 나쁜 게 아닌가? 내 타고난 성향이 이점을 발휘할 수 있는 다른 환경을 찾아가는 것도 괜찮은 선택이겠지만, 그것도 말처럼 쉬운 일만은 아니니까 말이다.

그렇게
생겨먹은
이유가 있다

그런데 사람이 같은 환경에서도 제각기 다른 체질을 타고나는 데
는 다 이유가 있는 법이다. 유전적 형질이 다양하면 그만큼 환경 변
화에 적응하는 데 유리하고 종의 번식력과 생존력을 높인다. 사람
뿐 아니라 다른 생물의 경우도 마찬가지다. 한때 지구를 지배했던 공
룡들의 여러 종들 가운데 추운 환경에 강한 종이 한 종만 있었더라면
빙하기에 공룡이 싸그리 멸망하는 일은 없었을 것이다. 물론 그 덕분에 지
구상에 포유류가 대세가 되고 결국 우리 인류가 출연하게 되었지만. 단적으로 말해 열대
지방에도 비교적 더위에 약하고 추위에 강한 체질의 인간이 아직 소
수 존재하는 것은, 기상이변으로 인해 열대 지방의 기온이 갑자기 낮
아질 가능성도 배제할 수 없기 때문이다.

게다가 인간은 사회적 동물이란 점에서 다양성에 더 중요한 의미
가 있다. 각기 다른 체질을 타고난 인간들이 서로 장점을 나누고 단점
을 보완하면서 더 넓은 환경 속에서 더 풍요롭고 다채로운 삶을 영위
할 수 있는 것이다. 한 마디로 인간이 각자 다르게 태어난 것은 여러

상황에서 서로 도우며 살기 위해서이다. 이 사실을 분명히 아는 것이 행복한 인생을 살아가는 데 또 하나의 중요한 비결이다. 아무리 강한 체질과 유복한 환경을 타고났더라도 일생 동안 닥치는 모든 상황을 혼자 자기만의 방식으로 해결할 수 있는 사람은 한 명도 없다. 반대로 아무리 '행복하기 위한 유전 점수'가 낮은 사람이라도 남들에게 도움을 줄 수 있는 장점 하나도 없는 사람은 없는 것이다.

위에서 얘기한 것처럼 극도로 경쟁심이 없는 내향적인 사람은 남들 신경 쓰지 않고 자기 할 일만 열심히 하기 때문에 지금과 같은 치열한 사회 속에서 행복감을 느끼는 데 유리한 편이다. 내가 바로 그런 사람이라 잘 안다. 그러나 이 세상에 나 같은 사람들만 있다면 오지랖은 누가 부릴 것이며, 조직은 누가 굴리고, 정치는 누가 할 것인가? 성실하고 욕심 없는 사람들만 있다면 조직이나 정치 따윈 없어도 세상은 잘 굴러갈 거라고 생각할지 모르지만 그렇지 않다. 개인적인 선의만으론 다가가기 어려운 힘든 상황에 처한 사람들을 돕는다거나, 사고 등 갑자기 닥칠 큰 위기에 대처하기 위해서는 조직이 필요하고, 조직을 효율적으로 굴리기 위해서는 외향적이고 경쟁적이고 공명심에 찬 사람들이 필요한 법이다. 또 반대로 세상에 전부 나대기 좋아하는 사람들만 있다면, 비록 그 사람들이 다 선의에 찬 사람들이라 쳐도, 집에서 소는 누가 키울 것인가 말이다.

다시 말하지만 모든 타고난 성향에는 각기 장단점이 있다. 심지어 우울증 성향에도 장점이 있다. 우울증이란 간단히 말해 모든 일, 특히 미래를 지나치게 비관적으로 보는 증상이다. 균형감각을 잃은 비관적 시각은 삶의 의욕을 잃게 해 일상적인 생활조차 어렵게 만들고, 심지어 자살에 이르게까지도 한다. 그러나 실제로 미래에는 위기가 닥칠 가능성이 있으며, 이 가능성을 지나치게 낮게 보는 것도 문제이다. 위기의 가능성을 가볍게 봐서 생기는 잘못된 판단들이 쌓이면 아주 치명적인 사고가 일어나기도 한다. "설마 괜찮겠지.", "나한테 그런 일이 일어날 리는 없어." 라는 식의 안이한 생각이 작게는 학점이나 카드 값 펑크부터 사업 실패, 결혼 실패, 심지어 수만 명의 생명과 재산을 위협하는 핵발전소 사고, 금융 위기, 전쟁의 원인까지 되기도 한다. 특히나 현대 사회에 유행하는 대책 없는 낙관주의가 어떻게 끔찍한 사고를 치는지를 〈긍정의 배신〉바버라 애런바이크 지음, 전미영 옮김 / (주)부키 / 2011이라는 책이 아주 예리하고 신랄하게 파헤쳐 놓았으니 참고하시라.

현대 사회에서 뿐 아니라 인간은 본래 자신과 관계된 문제를 말도 안 되게 희망적으로 보는 경향이 있다는 사실을 수많은 심리학, 사회학 연구가 증명한 바 있다. 비관적인 사람들이 하는 말이 평소 듣기 좋을 리는 없지만, 때론 몸에 좋은 약이 입에 쓰기도 한 법이니 그들을 아주 멀리하지 않는 게 좋다. 만약 자기 성격이 비관적인 편이라면, 스스로의 정신 건강을 위해 균형감각을 잃지 않도록 노력해야겠지만, 한편으론 자기 성격에도 가치와 장점이 있다는 사실을 잊지 말았으면 한다. 물론 이야말로 고도의 긍정적 사고이므로 쉽지는 않겠지만 말이다. 우울증은 보통 사람들이 잘 보지 않으려 하는 우리 삶의 어두운 면을 잊지 않도록 해 주는 경고등과 같은 존재라고도 할 수 있다. 실제로 천재지변이나 전쟁 등 극단적인 위기상황에서는 우울증 환자들이 보통 사람들보다 오히려 잘 견뎌낸다고 한다!

여기서 우리는 행복한 삶을 위한 중요한 비결 또 하나를 유추해낼 수 있다. 바로 **내 삶의 의미, 내 존재의 이유, 내게 주어진 것들의 가치를 발견하는 일**이다. 위에서 인용한 Happify.com의 자료 '행복의 과학'에도 "인생의 목적과 임무에 대해 생각하는 것이야말로 '웰빙'의 비결이다."라고 명시되어 있다. 인간이란 본래 의미와 가치에 대해 생각하는 존재라서, 그저 잘 먹고 잘 자는 것만으로 아무 생각 없이 행복하게 살 수 있는 사람이란 거의 없다. 아예 없다고는 할 수 없다. 지금까지도 그리고 앞으로도 계속 얘기하겠지만, 이 세상엔 정말 별별 사람이 다 있다. 그러나 어쨌든 그런 사람은 지금 이 책을 읽고 있지 않을 거라고 생각한다. 물론 일단 대부분의 사람들은 아무 생각 없이 잘 먹고 잘 살 수 있는 신세 자체가 못 된다. 애써 의미라도 찾지 못하면 견디기 어려울 만큼 삶이란 건 만만치가 않다. 다행히 우리 모두의 삶엔 분명 의미가 있다. 아무리 변변찮아 보여도 당신이 갖고 태어난 모든 것들은 이 복잡한 세상 속의 한 조각으로 있어야 할 의미가 있기에 있는 것이다.

뭔 소리야? 나 따위 하나 없어진다고 이 세상에 무슨 영향이 있겠어? 라고 코웃음 칠지 모르지만, 어차피 누구라도 한 명 없어진다고 세상이 흔들리는 그런 대단한 사람 따윈 없다. 이 세상은 그렇게 허술하게 만들어지지 않았다. 나 하나 없어도 달라질 게 없는 세상이라고 허무하게 생각하는 것은 어찌 보면 대단한 오만이다. 내가 뭐라고? 어느 날 갑자기 김정일이 죽고 만델라가 죽고 스티브 잡스가 죽어도 세상은 무심히 잘만 굴러가지 않던가? 잡스가 만든 아이폰이 세계사의 지형을 바꿔 놓았지만, 그것은 그 사람의 '역할'이었을 뿐 '가치'였다고는 할 수 없다. 그리고 그런 중요한 역할이 과연 그 자신을 행복하게 만들었는지 또한 본인 외엔 아무도 알 수 없다. 세상에는 평생

이름 없는 필부필부로 살아가면서도 누구보다도 행복하고 스스로 의미 있는 삶을 살았던 수많은 사람들이 있다.

내가 앞서 우울증도 장점이 있다고까지 논증했지만, 누구라도 자기 존재의 가치와 의미를 발견하는 것은 전적으로 자기 자신밖에 할 수 없는 일이다. 의미라는 것이 그렇다. 있어서 찾는 것이 아니라 찾아서 있는 것이다. 그러므로 찾으려면 일단 있다고 믿어야 한다. 믿거나 말거나 사람은 누구나 분명 이 세상에 태어난 이유가 있고 이 벅찬 세상을 애써 살아내야만 하는 가치가 있다. 사실이다!

물론 비록 굳은 믿음이 있다 해도 삶의 의미를 찾는다는 게 그렇게 말처럼 쉽지만은 않은 것도 사실이다. 우리의 공통된 꿈은 행복이라지만, 모두가 타고난 조건과 그에 따른 존재 의미가 다르기에 행복에 도달하는 길은 다르고 각자 찾아낼 수밖에 없다. 우리는 흔히 그 대상으로 내가 원하는 직업이나 재산, 사회적 지위, 가정 등을 떠올리곤 한다. 물론 그런 것들이 충분히 내 삶의 의미가 될 수 있다. 그럼에도 우리가 삶의 의미에 관해 고민하게 될 때는 크게 두 가지 경우이다. 첫째, 내가 진정으로 원하는 게 뭔지 잘 알 수 없을 때, 혹은 있긴 있는데 그것만으론 뭔가 불충분하다는 느낌이 들 때. 둘째, 어지간히 노력했는데도 원하는 것들을 성취하기 어려울 때. 그리고 대개 이런 고민은 한두 번으로 끝나지 않는다. 한 고비를 넘어 마침내 꿈을 이루었다, 의미를 찾았다고 생각한 순간부터 또 생각지도 못한 문제에 부딪쳐 새로운 고민이 시작되기 일쑤다.

이런 건 인간의 본성인 탓에 어쩔 수 없다. 본래 인간의 욕심은 끝이 없으며, 이상은 현실과 다르니까 이상인 법이다. 누군가 "꿈은 이루는 것이 아니라 평생 좇는 것"이라고 말했는데, 정확한 말이다. 평생 꿈을 따라가며 고생하고 고민하는 과정 자체가 삶의 의미라면 결국 너무 추상적인 결론이 아닌가도 싶겠지만, 이건 빨리 현실을 인정하자는 이야기기도 하니 받아들이자. 마더 테레사와 같은 위인도 실은 평생 신의 존재에 대한 의심과 싸우며 삶의 의미를 고뇌했다는 충격적인 사실이 밝혀진 판에, 우리 같은 범속한 사람들이야 이쯤에서 만족하는 게 좋지 않겠는가.

다만 내가 제안하고 싶은 것은, 어차피 평생 고민하며 살 바에야 그 고민을 조금 더 생산적으로 해보자는 것이다. 사실 인생에서 부딪치는 큰 고민은 딱히 정답이 없는 경우가 대부분이다. 정답도 없는 고민을 하다가 스트레스 받아서 정작 해야 될 일도 못하고, 진 빠지고, 성격까지 버리는 경우가 얼마나 많은가. 그렇다면 우리가 쓸데없는 고민을 아예 안 할 수는 없더라도 그 과정에서 따르는 스트레스를 최대한 줄이고, 실질적인 문제 해결 능력을 키우고, 인격을 성숙시키는 쪽으로 고민할 수 있다면 그것이 평범한 인간이 할 수 있는 최선일 것이다. 꿈에 대해 생산적으로 고민할 수 있는 요령을 익히는 것이 바로 이 '꿈 사용 설명서'의 핵심적 실용 지침인 것이다.

벤츠 VS 소설가 ;
벤츠를 타고 싶은 소설가 지망생 이야기

꿈에 대한 고민은 크게 두 가지가 있다고 정리했다. 첫째, 내가 진정으로 원하는 게 무엇인가? 둘째, 원하는 것을 얻으려면 어떻게 해야 하는가? 그런데 흔히 생각하듯 이 두 고민은 실은 분리된 문제가 아닌 경우가 많다. 그걸 깨닫지 못하는 데서부터 대부분 문제가 꼬이기 시작한다. 이에 대한 자세한 이야기는 차차 하고, 우선 생산적인 고민을 위해 인정하지 않으면 안 되는 기본적인 사실부터 짚고 넘어가자. 첫째, 본래 모든 사람들은 자신이 진정 원하는 것을 자연스럽게 알게 되어 있다. 둘째, 누구나 원하는 것을 모두 가질 수는 없으며, 원하는 것을 가지려면 그만한 대가를 지불해야 한다. 다시 말하지만, 이것은 사실이다. 나는 제발 누구든 "원하면 다 가질 수 있다"는 지니의 주문 같은 소리만 반복하는 자기계발서에만큼은 돈을 낭비하지 않았으면 좋겠다. 단언컨대 세상에 공짜는 없으며, 모든 물질적인 자원은 한정되어 있다. 원하면 다 가질 수 있다는 말은 잠시의 위안밖에 안 되는 입에 발린 소리에 불과하다. 그런 얄팍한 위안을 얻기 위한 목적이라면 그 돈으로 차라리 술이나 담배를 사는 편이 낫다. 이기심만 자극하는 헛된 희망은 술 담배보다도 해롭다. 내가 진정으로 원하는 것을 깨닫고 그것을 향해 노력하는 데 방해가 되기 때문이다.

내가 실제로 만난 한 친구의 이야기이다. 몇 년 전 우리가 처음 만났을 때 나는 막 데뷔작을 출간한 병아리 소설가였고, 그 친구는 소설가 지망생으로서의 길을 결심한 참이었다. 그는 애초 소설가가 되기 위한 조언을 구하려는 목적으로 나에게 접근했던 것 같지만, 나이도 비슷하고 통하는 면이 많아 곧 좋은 친구가 되었다. 당시 나는 평생의 꿈이 현실이 되었을 때 거의 모든 사람들이 맞닥뜨리게 되는 '멘붕' 상황이었다. 난 내가 꽤나 현실적인 사람이라고 자부하며 살아왔는데 그런 내 자신에게 실망했을 정도였다. 오랫동안 짝사랑하던 사람과 꿈같이 짧고 행복한 연애 과정을 거쳐 결혼에 골인한 후, 처음으로 그 사람이 휴일에는 절대 샤워를 안 하는 버릇이 있다는 걸 냄새로 알게 되었거나, 집안일 분담을 놓고 이혼서류에 도장 찍기 직전까지 싸웠거나 했을 때 대충 그런 기분이 아닐까 싶다.

여하튼 그런 상황이었음에도 불구하고, 아니 어쩌면 그런 상황이었기 때문에 더더욱, 나는 그 친구가 나와 같은 길을 걸어가게 될 수 있길 진심으로 바랬고, 내 나름 성의를 다해 도움을 주려고 애썼다. 대부분의 길이 다 그렇겠지만 소설가가 되는 길에도 딱히 묘수 따윈 없다. 습작을 많이 해서 기술을 연마하고, 인정받을 수 있는 작품을 만들어가는 길뿐이다. 아무리 야무진 꿈과 굳은 의지를 갖고 시작했다 해도 경제적 대가도 기약도 없는 습작의 시간이 얼마나 힘든지를 누구보다도 잘 알기에, 그리고 단 한 명이라도 내가 쓴 글을 읽어주고 피드백을 해 주는 것이 그 시간을 견디는 데 결정적인 힘이 된다는 것을 알기에, 그의 습작에 격려와 조언을 아끼지 않는 애독자가 되어 주려 했다.

그러나 후배 소설가의 든든한 후견인이 되어 주려던 나의 꿈은 허랑히 사그라졌다. 그 친구가 얼마 못가 습작을 흐지부지 그만뒀기 때문이었다. 많지 않은 분량이지만 그 친구의 습작을 내가 읽어 본 바 판단하기로 그는 소설가로서 재능이 없지 않았다. 아이디어가 풍부하고 진지한 의식을 가지고 있었으며 필력도 좋았다. 본격적으로 글을 쓴지 얼마 되지 않음을 감안하면 가능성이 높은 편이었다. 그렇기에 더더욱 나는 그 친구가 습작에 의욕을 잃은 것이 안타까워서 채근을 했다. 차라리 글 쓰는 일에 열정이 식었다든지 해 보니까 안 될 것 같아서 포기했다든지 한 거면 상관없겠는데, 본인이 여전히 소설을 쓰겠다는 꿈을 버리지 못하고 괴로워하니 더욱 안타까웠다.

습작에 집중하지 못하는 핑계는 많았다. 사실 직장을 다니면서 짬을 내 글을 쓰기란 말처럼 쉬운 일이 아니다. 모든 글이 다 그렇지만 특히 소설은 호흡이 긴 장르라 더 그렇다. 그러나 그 친구는 소설 습작을 하려고 생계를 위한 일은 최소한으로 조정하고 많은 시간적 여유를 확보해 둔 상태였는데, 그 시간을 그렇게 어영부영 허비하는 것이 나로서는 정말 이해가 안 갔다. 나는 그것이 노력이 부족한 것_{의지 문제}이거나 두려워서 피하는 것_{감정 문제}이라고 생각했지만, 확실히 납득은 안 되었다.

그러던 중 어느 날 그 친구가 조심스레 진심이 느껴지는 말투로 내게 이렇게 털어 놓았다. "소설가가 되고 싶지만 너무 막막하다. 이러다 언제 돈 벌어 장가가고 벤츠 타느냐?"

그 말에 나는 몹시 충격을 받았다. 소설가를 꿈꾸면서 나도 정말 많은 고민과 걱정을 했지만, 벤츠 탈 걱정은 나로선 전혀 생각도 못해 본 문제였기 때문이다. 그때 나는 많은 사람들이 꿈을 향한 길에서 함정에 빠지는 것이 의지나 감정의 문제가 아닌, 인식생각의 문제라는 것을 깨닫게 되었다. 그 친구는 생각 자체를 잘못하고 있었던 것이다. 딱 잘라 말해서, 자력으로 벤츠를 타고 싶으면 소설가를 해서는 안 된다. 물론 소설가 해서 벤츠를 탈 수도 있겠지만, 그걸 보고 가기엔 너무 확률도 낮고 불확실한 길이다.

나는 좋은 소설을 쓰는 것이 벤츠를 타는 것보다 '더 나은' 꿈이라고는 결코 생각하지 않는다. 다시 말하지만 이 세상 사람들은 모두 다른 성향과 적성을 타고나며, 각자 맡은 역할이 따로 있고 가치도 꿈도 다 다른 것이 당연하다. 만일 누군가 반지하 월세방에 살면서 벤츠를 굴린다 해도 그건 그가 좋은 집보다 좋은 차에 더 가치를 두고 산다는 의미일 뿐, 분수에 안 맞는 소비생활을 한다는 의미는 아니다. 그 생활을 위해 과도한 빚을 지고 있거나 다른 누군가에게 큰 부담을 주고 있다면 얘기가 달라지겠지만. 내가 벤츠 탈 걱정을 해보지 않은 것은 내가 특별히 검소하거나 지각 있는 사람이어서가 아니다. 다만 좋은 차에 관심이 없을 뿐이다. 누가 나한테 자기 벤츠를 자랑하고 싶다면 '엄청 비싸고 성능 짱이며 최고의 자동차'라고 꼭 구체적으로 말해주길 바란다. 아니면 자랑인지조차 눈치도 못 챌 것이다. 운전면허조차 없는 나는 운전하는 맛 따위 물론이고 심지어 승차감의 차이도 잘 모른다. 개인적으로 차는 오히려 좀 덜컹거려야 맛이라고 생각한다. 그것도 내가 멀미를 전혀 안 하는 체질

이런 내 체질이 다른 건 몰라도 소설가로 살기엔 안성맞춤이라고 할 수 있다. 인생에서 벤츠를 타는 것과 소설가가 되는 것은 동시에 추구해선 다소 곤란한 목표이기 때문이다. 이것은 사실이다. 옳고 그르거나 좋고 나쁘고의 문제가 아니다. 벤츠 타고 싶으면 돈을 벌어야 하고, 그러려면 돈을 벌기 위한 일을 해야 한다. 소설가는 경제적으로 안정성이 아주 떨어지는 직업이다. 물론 누구라도 경제적으로 안정적인 삶을 살고 싶을 것이다. 그러나 함께 추구하기 어려운 가치들 사이에 서게 되면 자신이 더 중요하게 생각하는 가치가 무엇인지, 포기할 수 있는 가치가 무엇인지 잘 생각해서 결정을 내려야만 한다. 우리에게 주어진 시간과 에너지는 한정되어 있다. 반대로 "벤츠를 타고 싶다"와 "남들 비슷한 나이에 결혼해서 아이 둘 낳고 행복하게 살고 싶다"라든지, "소설가가 되고 싶다"와 "유명해지고 싶다"는 함께 추구해도 괜찮은 가치이다. 이렇게 말하면 너무 당연한 얘기 같은데, 뜻밖에 이런 당연한 사실도 자기 문제가 되면 인정하기가 쉽지만은 않다. 벤츠 타고 싶은 소설가 지망생도 평소 다른 문제들에 관해서는 얼마나 냉철하고 예리한 친구였는지 모른다. 그래서 그 말을 들었을 때 내 충격이 더 컸던 것 같다.

아까 상황으로 돌아가서, 난 한동안 어안이 벙벙해 있다가 내 생각_{위에서 한 얘기}을 솔직하게 말했다. 그리고 덧붙여 "작가라는 직업이 자리 잡기까지 기약이 없으니 불안한 것은 이해한다. 나만 해도 본격적으로 소설을 쓴지 10년이 걸려서야 데뷔작이 나왔다. 그 시간을 견디려면 의지만으로는 안 된다. 누가 알아주지 않아도 소설 쓰는 일 자체가 너무 즐거워서 끊을 수가 없어야 한다."고 말했다. 그러자 그 친구는 잠시 가만히 생각해 보더니 "난 그 정도는 아닌 것 같다."고 대답했다. 그것이 그 친구와 소설 얘기를 나눈 마지막이었고, 친구로서도 멀어지기 시작한 시점이었다. 지금은 연락이 끊긴지 꽤 되었지만, 그 후로도 오랫동안 그는 마음을 잡지 못하고 헛된 시간만 보내고 있다는 얘기를 들었다.

사람 일은 모르는 거지만 그때와 달라진 것이 없는 마음가짐이라면 아마 그 친구는 끝내 소설가가 되기는 힘들 것이다. 그렇다면 그 친구가 소설가란 꿈을 이루지 못한 이유가 무엇일까? 재능이 없어서? 용기가 없어서? 의지가 부족해서? 아니, 그것은 그 친구가 진정으로 소설가가 되기를 원하지 않았기 때문이라고 나는 생각한다. 그는 물론 소설가가 되고 싶어 했지만, 그보다 다른 것을 더 원했다. 소설가가 될 수 있는 재능은 있었지만, 소설가로서의 삶을 원하지 않았다. 그는 평소 많은 사람들과 어울리는 것을 좋아하고, 타인들의 즉각적인 반응과 인정에 굉장히 민감한 성격이었다. 전혀 잘못된 것은 없다. 외향성의 전형적인 특징들로, 그런 성향은 말했듯이 거의 타고난 것이다. 게다가 그는 잘생긴 외모와 좋은 머리까지 타고났다. 당연히 인기도 많고 친구들도 무척 많았다. 벤츠까지 끌고 다녔다면 정말 최고의 인기 신랑감이 되었을 것이다. 그런데 엉뚱하게 직업으로서 소설가를 꿈꾸다 삐끗하고 말았다.

소설도 결국은 타인들과 소통하고 인정받기 위한 길이지만, 직접적인 인간관계에 비하면 그 길은 깊고 넓은 대신 멀고 느리다. 소설 한 편으로 사람들과 만나기 위해서는 오랜 시간 철저한 고독 속에서 일해야 하며, 사실상 그 과정이 소설가의 삶의 대부분을 차지한다. 그러나 소설가들이 결과물을 위해 그 시간을 참고 견디기만 하는 것은 아니다. 오히려 많은 소설가들은 그러한 고독한 과정을 한편으로 더 편하고 즐겁게 생각한다. 그러나 지극히 외향적인 성격의 그 친구로서는 그런 삶을 견뎌내기 어려웠을 것이다. 게다가 무엇보다도 경제적인 안정을 원했다. 그러면서 소설가를 꿈꾼다는 것은 말 그대로 연목구어緣木求魚=나무에서 물고기를 구함와 같은 일이었다. 그가 자신이 정말 원하는 것이 무엇인지 빨리 깨닫고 인정했다면 어땠을까? 어쩌면 그는 벤츠를 타고 싶다는 것 따윈 꿈다운 꿈이 될 수 없다고 믿었는지도 모른다. 잘못된 생각이다. 제대로 꿈을 좇으며 행복한 삶을 살기 위해서는 바로 그런 '생각'을 고치는 것부터 시작해야 한다.

미스코리아가
진, 선, 미
순서인 이유

진선미眞善美는 동양 사상에서 말하는 세 가지 핵심 가치이다. 유독 삼세번을 좋아하는 것이 우리나라 사람들이라고 하지만, 동서양을 막론하고 3을 완전한 숫자, 진리를 요약하는 숫자로 보는 사상 전통이 많다. 유교의 천지인天地人 사상, 기독교의 삼위일체 교리, 변증법의 정반합正反合 등 이 중 '진, 선, 미'는 인간을 움직이는 세 가지 근본적 힘인 '이성, 감정, 본능'의 영역을 정확하게 요약한 가치라 할 수 있다. 이 세 가지 힘의 영역에 관해서는 각종 전통 사상들과 심리학에서 일찍이 정리된 바 있고, 현대 의학에 의해서도 증명되었다.

최신 뇌과학 이론에 따르면 인간의 행위는 크게 보아 뇌의 세 가지 체계에 의해 작동된다고 한다. '보상 체계'와 '불안 체계', 그리고 '이성 체계'이다. 보상 체계는 욕구 충족을 위해 움직이고, 불안 체계는 이 과정에서 닥칠 수 있는 위험에 대해 경고한다. 두 체계는 모두 일차적 체계와 이차적 체계로 구분되어, 일차적 체계는 생물학적 욕구보상 체계와 생명의 보존불안 체계을 위해 움직이고, 이차적 체계는 타인들과의 관계에 있어 인정과 유대감보상 체계, 수치심과 죄책감불안 체계 등 보다 높은 차원의 가치를 위해 움직인다. 이성 체계는 이 두 체계가 제멋대로 날뛰어 사고를 치는 일이 없도록 컨트롤하는 역할을 맡는다. 여기서 일차적 보상 체계와 불안 체계를 '본능', 이차적 보상 체계와 불안 체계를 '감정', 이성 체계를 '이성'이라고 정의할 수 있다.

보상 체계와 불안 체계는 뇌에서 보다 오래된 부분인 변연계에서 주로 작동하며, 각종 호르몬에 영향을 받는다. 이성 체계는 진화 과정에서 인간에게 특별히 발달한 부분인 전두엽에서 작동한다. 따라서 인간을 인간답게 하는 것은 역시 이성이라고 할 수 있다. 그러나 감정과 본능 또한 인간의 행동과 상태를 결정하는 중요한 요소이다. 진선미에서 진은 머리이성로 깨닫는 '진리', 선은 마음감정으로 깨닫는 '도덕', 미는 직관본능으로 깨닫는 '아름다움'의 가치를 각각 말한다.

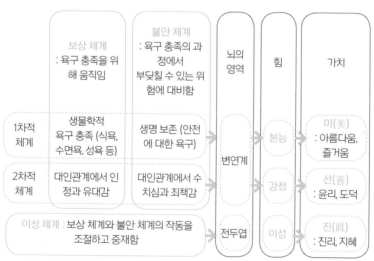

[표3] 인간을 움직이는 세 가지 근본적 힘과 가치

셋 중 어느 것이 더 중요하고 덜 중요한 가치라고는 할 수 없다. 세 가지 측면의 균형이 잘 잡힌 것이 성숙하고 바람직한 인간상이라 하겠다. 그러나 우선순위는 있다. 진선미가 진, 선, 미의 순서가 된 데는 이유가 있단 말이다. 이성, 감정, 본능 이 세 가지 힘은 서로 끊임없이 영향을 주고받는데, 어느 편이 좀 더 강하고 약한지도 유전적으로 결정되는 측면이 많다. 그럼에도 불구하고 일반적으로 성공하는 삶을 위해서 우리는 항상 이성→감정→본능 순으로 신경을 써야 한다. 이성이 더 중요하고 본능이 덜 중요한 가치이기 때문이 아니다.

첫째로, 만사가 이루어지는 순서가 그렇기 때문이다. 먼 목적지를 향해 갈 때는 우선 방향을 제대로 잡아야 한다.이성 다음엔 거기까지 가는 데 필요한 물적, 심적 준비를 충분히 갖춰야 한다.감정 그리고 출발하면 완주할 때까지의 과정을 견뎌내야 한다.본능=의지 아무리 철저한 준비를 하고 강철 같은 의지로 나간다 해도 방향이 틀렸다면 그 여행은 말짱 헛수고가 되기 십상이다.

둘째로, 이성은 가장 인간다운 힘이지만 그만큼 가장 부자연스러운 힘이기도 하기 때문이다. 제아무리 전두엽이 발달한 인간이라도 인간이기 이전에 동물이라서 어려운 상황일수록 이성이 힘을 잃기 쉽다. 물론 아주 급박한 상황에서는 이성이 아닌 다른 힘이 오히려 옳은 방향을 알려주기도 한다. 그러나 어쨌든 이성은 세 가지 힘 중 가장 불안하고 약한 힘이므로, 평소 의도적으로 단련해두어야 균형을 잡는 데 도움이 된다.

머리에 피가 마를 때,
스물여섯

여기서 또 하나 유의해야 할 사실이 있다. 다른 장기와 마찬가지로 인간의 뇌 또한 완전히 발달한 상태로 태어나는 것이 아니라 성장 과정을 거치며 완성된다. 엄마 뱃속에 있는 태아 시절부터 모든 장기는 진화 과정에서 오래된 순서대로 차례로 발달하는데, 따라서 가장 최신 장기인 전두엽이 가장 늦게 완성된다. 인간의 뇌가 전두엽까지 완전히 여무는 시기는 생각보다 늦어서, 무려 평균 만 26세경이다! 즉 사람은 적어도 20대 중반이나 되어야 '머리에 피가 마른다'는 얘기다. 남자는 여자보다 좀 더 늦어서 약 30세는 되어야 한단다. 그 전에는 전두엽이 완전히 발달하지 않았으므로 감정과 본능을 컨트롤할 수 있는 능력이 모자라는 것이 당연한 일이다. 이 사실을 알고서야 난 30대가 되기 전까지는 동년배 남자들과 도무지 '인간적으로' 어울리기가 어려웠던 이유를 비로소 납득하게 되었다. 결론적으로 여자는 만 26세, 남자는 만 30세 전에 저지른 일에 대해서는 아주 반인륜적인 일만 아니라면 그렇게 부끄러워하지 않아도 좋다는 다행스러운 사실! 그러니 이제 다들 '머리에 피도 안 마른' 시절에 대한 회한은 가볍게 털어내도록 하자. 그리고 젊은 친구들이 저지르는 치기어린 행동들에 대해서도 보다 너그러운 시선을 갖자.

그런데 이 얘긴 한편으론 사람이 30대쯤 되면 자신의 행동에 대한 책임을 온전히 져야만 한다는 의미도 된다. 공자는 30대를 '이립而立', 즉 '스스로 서는' 시기라고 했는데, 뇌과학이 없었던 시대임에도 불구하고 아주 정확한 통찰이라 하겠다. 적어도 전두엽이 완성된 사람이라면 생각하는 대로 행동해야지, 행동하는 대로 생각해서는 안 될 것이다. 이 말의 포인트는 앞부분이 아니라 뒷부분에 있다. 행동하는 대로 하는 생각이란 엄밀히 말해 생각이라고도 할 수 없다. 생각을 행동에 옮기지 못하고 있는 사람이라면, 최소한 자기가 그러고 있다는 사실만은 알 것이다. 그러나 생각 없이 행동만 하고 있는 사람은 자기가 뭘 하고 있는지도 모르기 때문에 변화하고 발전할 여지가 더 없다.

제대로 생각하는 것은 사실 행동하는 것보다 어렵다. 현재 우리 사회는 행동을 지나치게 강조하는 풍조가 있다. '열심히'만 살면 다 되는 것처럼, '열심히' 살지 않는 게 문제의 전부인 것처럼 이야기한다. 그러나 열심을 부리기 이전에 생각부터 제대로 해야 한다. "내가 진정으로 원하는 것은 소설가가 되는 것보다 경제적으로 안정되고 우리 사회의 일반적인 기준에서 인정받는 삶을 사는 것이다. 이것은 나의 타고난 적성과 성향일 뿐, 내 삶의 궁극적인 가치와는 상관없다." 그벤츠 타고 싶어하던 소설가 지망생 친구가 이 사실을 인식하고 인정이성의 영역할 수 있었다면, 목표만큼 발휘되지 않는 의지본능의 영역를 탓하며 우울과 자괴감감정의 영역에 빠져들어 그렇게 많은 시간과 기운을 버리지 않아도 되었을 것이다.

물론 그 누구도 이성으로 감정과 의지의 문제를 완전히 해결할 수는 없다. 그러나 어떤 문제 상황이라도 그것을 해결하려면 똑바로 알고 잘 생각하는 것이 가장 우선이라는 사실은 분명하다. 잊지 말길 바란다. 우리는 생각을 가만히 앉아서도 할 수 있는 것으로 쉽게 보는 경향이 있는데, 사실 제대로 생각하기는 결코 쉬운 일이 아니다. 우리의 뇌는 좀 더 편하게 움직일 수 있는 '감정'과 '본능'의 영역이 앞서서 생각을 끌고 가기 쉽기 때문이다. 즉 순서가 뒤바뀌어 버리는 것이다. 다시 말하지만 문제를 해결하는 순서는 다음과 같다. 우선 생각을 하고이성, 마음을 돌보고감정, 의지를 단련한다본능. 이 책도 이 순서를 따라간다. 제 1장 '꿈 사용 설명서'는 바로 생각과 앎에 관한 이야기이다. 마음을 돌보고 의지를 단련하는 법은 3장, 4장에서 이어 이야기할 것이다.

진리 중의 진리, 세상에 공짜는 없다

이제 내 꿈을 제대로 알아가는 데 실질적으로 필요한 몇 가지 요령과 주의할 점을 짚어 보자. 우선 내가 진짜로 원하는 게 뭔지 대답할 수 있는 사람은 이 세상에 오직 나 하나뿐이며, 그 꿈이 무엇이든 타인과 지구에 피해를 주지 않는 한은 모두 가치를 지닌다는 사실을 명심하자. 내 삶의 가치를 결정하는 것은 '어떤 역할을 맡느냐'가 아니라 '역할을 어떻게 수행하는가'이다. 이 세상이 잘 돌아가려면 혼자 조용히 글 쓸 사람도 필요하고 전국적으로 오지랖 부릴 사람도 필요하고 열심히 애 키울 사람도 필요하고 좋은 차에 돈 쓸 사람도 필요하고 산 뚫어 길 낼 사람도 필요하고 야생동물 보호에 목숨 걸 사람도 필요하다. 어떤 역할로 살든 우리 모두는 이상과 현실의 벽 앞에서 좌절하고 다른 가치관의 충돌로 갈등을 겪을 수밖에 없으며, 그 결과 꿈이 변하기도 한다. 그래도 어쨌든 자기 마음속의 목소리에 따라 인생길의 방향을 정하는 것은 행복한 삶을 사는 데 꼭 필요한 패이다.

그런데 자기 마음속의 목소리를 잘 들을 수 있는 능력은 부모의 양육 방식에 많은 영향을 받는다. 부모가 어린 시절부터 자녀의 의사를 존중해 주고 대화를 충분히 하면서 키우면 그 자녀는 자기 마음속의 목소리를 잘 들을 수 있는, 즉 행복하게 살 가능성이 높은 사람으로 자란다. 그 또한 내 노력과는 상관없이 타고나는 조건이니 '유전 점수 50점'에 포함되는 셈이다. 반대로 권위적이고 소통이 잘 안 되는 가정에서 자라났다면 억울하겠지만, '노력 점수 40점'으로 만회할 수 있도록 끊임없이 자기 마음속의 소리에 귀 기울이려는 노력을 해야 한다.

다만 경제적 보상이나 타인들의 인정 없이도 그 자체로 즐거워서 끊을 수 없는 일소설가 김현경에게 소설 쓰기가 그런 것처럼이 내겐 아무래도 없는 것 같다고 해서 절대로 풀 죽지 말자. 특정 분야에 그렇게 강한 흥미와 적성을 타고난 사람의 비율은 원래 그리 많지 않다. 공동체의 상황과 필요는 변화하기 마련이므로, 대부분의 구성원은 보다 유연하고 폭 넓은 적성을 갖고 태어나게 되어 있다. 진로에 관해 고민할 여지가 없다고 꼭 좋은 것만도 아니며, 특히나 정말 좋아하는 일이 생계와 관련된 직업이 되었을 때의 비애는 죽을 때까지 안 겪어 보는 것이 낫다는 사실을 감히 귀띔해 드리고 싶다. 첫사랑은 두 번 다시 안 만나는 게 좋고, 좋아하는 일은 취미로 하는 게 좋다는 말은 절대적인 진리까지는 아니어도, 확실히 진리의 한 단면 정도는 된다.

그리고 진로를 정할 때 타인들의 의견에 민감한 정도도 타고난 성향에 따라 다르니 감안하자. 아무리 독재정권 같은 가정에서 자라났더라도 꿋꿋이 자기 하고 싶은 대로 다 해야 직성이 풀리는 사람이 있는가 하면, 원래 자기 고집보다는 사랑하는 사람들의 뜻에 맞추어 사는 것이 더 편한 사람이 있다. 옆에서 누가 뭐라 욕해도 눈치조차 못 채는 사람이 있고, 눈빛만 스쳐도 귀신같이 남의 감정을 읽고 신경이 쓰여 어쩔 줄 모르는 사람도 있다. 이런 성향이 심하게 균형을 잃어 일상생활에 지장을 줄 정도가 되면 성격장애 혹은 정신질환이 되지만, 대부분은 나름의 장단점을 안고 살아가야 할 뿐이니, 일단 내 성향과 적성을 잘 관찰하고 파악하는 것이 진정한 꿈을 찾는 데 큰 도움이 될 것이다.

또 한 가지 마음에 새겨야 할 것은, 다시 말하지만 세상에 공짜는 절대로 없으며 원하는 것을 얻기 위해서는 그만큼 포기하거나 치러야 할 대가가 있다는 사실이다. 이것도 너무 당연한 얘긴데, 겉보기엔 나무랄 데 없이 똑똑한 사람들이 이 부분에서 덫에 걸려 어처구니없이 소모적인 고민으로 시간과 에너지를 낭비하는 행태를 정말 많이 보았는지라 다시 한 번 강조해 둔다. 가장 흔한 예를 들어 내 주변에는 나이는 찼는데 마땅한 배우자를 찾지 못해 고민하는 처자들이 많다. 그녀들은 왜 결혼을 못하고 있을까? 운이 없어서? 사회적 여건 때문에? 눈이 너무 높아서? 그런 이유들도 있겠지만, 내가 보기에 많은 경우 그녀들이 결혼을 못하는 가장 큰 이유는 실은 진정으로 결혼을 원하지 않기 때문이다. 소설가는 되고 싶은데 벤츠도 타고 싶어서 문제인 것과 같은 맥락이다.

그녀들은 대부분 배우자 빼고는 모든 걸 가진 사람들이다. 번듯한 직장, 친구, 취미생활로 이미 삶이 풍요롭고, 별로 외롭지도 않다. 그런데 결혼을 하자니 포기할 것이 너무 많다. 게다가 우리나라는 사회구조나 관습상 아무래도 결혼생활에서 여자 쪽에 더 많은 희생과 부담을 요구한다. 실제 우리나라는 OECD 가입국들 중 양성평등 관련 지수들은 모조리 최하위권을 기록 중이다. 암만 생각해도 밑지는 장사다. 그렇다고 결혼을 마냥 미루자니 영영 때를 놓칠까 걱정이다. 지금은 혼자 사는 게 편하지만 늙어서 외로워질까 두렵기도 하고, 무엇보다 다양한 삶의 형식에 관대하지 못한 우리 사회의 편견 속에서 '루저' 혹은 '아웃사이더'로 낙인찍힐 것이 싫다. 그걸 생각하면 너무 늦기 전에 결혼을 하긴 해야할 텐데, 왜 이렇게 괜찮은 남자가 없는 거야? 겨우 저만한 남자 만나 고생하려고 이 편한 골드 미스 생활을 포기해야 하나?! 내가 이 나이 먹은 건 지금 내가 누리고 있는 이 모든 걸 얻기 위해서였는데… 차라리 혼자 살고 말지! 하지만 그러자니 걸리는 게…. 이런 식으로 무한 반복되는 불평의 루프에 빠져들게 된다. 사실 이 순환논리에 딱히 논리적으로 맹점은 없다. 이 세상일이란 대부분 이렇게 시작점을 찾기 어려운 순환논리에 따라 일어나는 경우가 많다. 문제는 누구든 이런 순환논리에 빠지면 벗어날 때까지 상태가 점점 나빠지게 된다는 점이다.

순환논리에서 벗어나려면 '나'에서부터 출발하는 수밖에 없다. 실은 나 자신에게만 전적으로 책임이 있는 문제는 아닐 텐데 억울한 마음이 들 수 있겠지만, 내가 통제할 수 있는 건 나 자신밖에 없으니까 문제를 풀고 싶으면 그 길밖에 없는 게 사실이다. 핑계 댈 생각을 접고 "실은 내가 지금의 편한 생활을 포기하고 결혼할 생각이 없구나." "실은 내가 벤츠 타고 싶은 욕심을 접고 소설가가 되고 싶은 생각이 없구나."에서부터 출발해야 한다. 그리고 둘 중 내 마음 속의 목소리가 더 간절히 원하는 하나를 선택해야 한다. 그 후에 남은 아쉬움과 두려움을 치유하고,

내 선택에 따르는 대가를 치를 의지를 다질 차례이다. '생각하기→마음 돌보기→의지 연마하기'의 단계가 보이는가?

　나의 골드미스 지인들 가운데 이런 길을 통해 결국 불평 루프에서 빠져나온 사람들이 있다. 그들이 내린 두 가지 다른 결론, 즉 "결혼을 서둘러서 포기해야 하는 것들보단 영영 결혼 못할지도 모르는 리스크를 감수하겠다. 난 지금 즐거우니 늙어서 초라해지더라도 불평 않겠다.", "당장 결혼하고 싶지는 않지만 더 늦으면 불안하니 서두르겠다. 어차피 해야 한다는 결론이니 불평 않고 준비하겠다." 중 어느 쪽이든 간에, 실제로 그들은 아직 불평 루프에서 빠져나오지 못한 이들보다는 훨씬 즐겁고 예쁘고, 남자도 더 잘 만난다.

10% 상황을
컨트롤하라

끝으로 행복의 세 가지 요소 중 가장 적지만 무시할 수는 없는 비율인 '상황 점수 10점'에 대해 짚어보자. 이 상황은 개인적으로 복권에 당첨됐다든지 시험에 붙었다든지 하는 상황일 수도 있겠지만, 행복은 순간적인 기분이 아니라 장기적이고 종합적인 상태라고 하면 내가 속한 사회적 조건에 많이 좌우된다고 보는 편이 맞을 것이다. 좋은 사회란 돈이 많은 사회도 잘난 사람이 많은 사회도 아닌, 많은 사람들이 행복한 삶을 살기 쉽도록 해주는 사회란 것은 두말 할 필요가 없을 것이다. 지금까지 살펴본 대로 사람은 각자 타고난 대로 사는 것이 행복한 삶의 결정적 조건이므로, 좋은 사회의 조건은 최대한 많은 사람들이 각자의 다양성을 존중받으며 무난히 어울려 살 수 있도록 보장해 주는 시스템과 분위기에 달려 있다고 할 수 있다.

실제로 〈행복의 과학〉에서 행복지수가 높은 나라들의 공통된 특성들을 통해 유추해 본 '행복한 사회'의 조건이란, 어느 정도의 경제 규모1인당 국민 총생산과 행복지수는 어느 선 이상부터는 같이 올라가지 않는다고 한다, 자기 삶의 형태를 결정할 자유, 관용적인 분위기, 그리고 어떤 상황에도 기본 생활수준을 보장해줄 수 있는 사회적 지원 시스템 등이 있다. 모든 조건이 개인의 다양성 존중과 관련 있다는 걸 알 수 있다. 이런 기준에 비춰보면 대한민국에 살고 있는 우리의 '상황 점수'는 분명 불리하단 걸 알 수 있다. 평균에서 벗어난 삶의 방식이나 실수, 실패에 대해 관용과는 거리가 먼 한국 사회의 어두운 실태를 OECD국가들 중 자살률 1위, 출산률 꼴찌라는 석차가 당당히 증명해주고 있지 않은가.

하지만 역시 불평만 하고 있을 일은 아니다. 솔직히 개인적으로 지금 우리 사회를 살아내고 있는 젊은이들이라면 얼마든지 불평할 자격쯤은 있다고 생각한다. 하지만 그래 봤자 상황이 좋아지는 것도 아니고 내 입만 아프다. 불평은 짧고 굵게 해치우고, 얼른 뭐든 해결책을 찾아보도록 하자. 아까 얘기했듯 상황 점수는 기타 총점에 조금은 영향을 받으니까 말이다.

내가 행복해지고 싶으면 나 자신의 문제뿐 아니라 내가 살고 있는 사회의 문제도 해결하기 위해 노력해야 한다는 것은 분명하다. 그런데 우리 사회를 조금 더 좋게 만들 수 있는 효과적인 방법 중 하나가 바로 내 자신이 행복해지는 일 자체라는 사실을 알고 있는가? 사실이다. 진정 행복한 사람이 많을수록 그 사회도 행복 친화적인 분위기가 된다. 획일적이고 삭막한 사회 분위기는 불행한 사람을 많이 만드는 원인이기도 하지만, 또 불행한 사람이 많은 결과이기도 하다. 여기서 또 순환논리! 진정 행복한 사람은 남들을 잣대로 재고 비난하는 일에 별 관심이 없는 법이다. 그런 일에 관심이 없기 때문에 행복하게 사는 거 아니냐고 하면 또 순환논리지만… 적어도 확실한 건 상당히 완고

한 잣대를 가지고 있는 사람일지라도 자기 삶에 기본적으로 만족하고 있다면, 그 잣대를 그렇게나 열심히 휘두르지 못해 안달하지는 않는다는 사실이다.

자, 이제 '성공 = 행복한 삶'을 향한 긴 여정의 첫 단계를 다시 정리하고 점검해 볼 때가 되었다. 우리의 최종 목적지는 같지만 거쳐 가야 할 길은 각자 다르고, 그 길의 지도는 자기 자신밖엔 그릴 수가 없다. 지도를 그리기 전 지금까지 설명한 가이드라인과 주의할 점들을 다시 한 번 마음에 새겨 놓자. 간단히 다음의 '☞실천 지침'을 읽으면 된다. 하지만 막상 지도를 그릴 때는 지나치게 고민하거나 망설이지 말자. 언제든 고쳐 그려도 좋으니 편안한 마음으로 일단 그려보자. 시험 볼 때도 제일 먼저 찍은 게 정답인 경우가 많지 않던가?

✔ 주어진 현실을 최대한 빨리 인정하는 것은 행복해지는 데 아주 중요한 비결이다. 다음은 명심해 두면 행복해지는 데 큰 도움이 되는 사실들이다. 마음에 새겨 읽으면서 이어지는 질문에 대한 간단한 답변을 적어 보자.

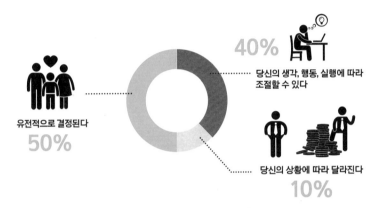

40%
당신의 생각, 행동, 실행에 따라
조절할 수 있다

유전적으로 결정된다
50%

당신의 상황에 따라 달라진다
10%

[행복한 인생을 결정하는 요소]

✔ 유전적 소인(타고난 성향)은 매우 다양하며, 따라서 꿈도 모두가 다른 것이 정상이다. 그러므로 나의 논리가 전혀 통하지 않는 사람이나 세상을 만났을 때는 그냥 인정하도록 하라. 부정이나 분노에 빠지면 나만 손해다.

Q1 현재 내 주변에서 가장 이해하기 어려운 사람이나 상황이 무엇이 있는가?
그 논리는 나의 논리와 어떻게 다른가? 어떤 부분을 특히 납득하기 어려운가?

_____

_____

_____

_____

Q2 세상의 모든 논리에 대해 이해나 공감을 할 필요는 없다. 그저 인정하면 된다. 그 존재를 인정할 수 있는가? 그 방법도 적어두자.

_____

_____

_____

_____

✔대부분의 유전적 소인은 행복하게 사는 데 얼마나 유리한지 절대적인 점수를 매길 수 없다. 나름의 강점과 약점이 있고, 처한 환경에 따라 얘기가 달라지기 때문이다. 결국 인간이 각자 다르게 태어난 것은 여러 상황에서 서로 도우며 살기 위해서이다.

Q 내가 타고난 성격이나 신체조건, 체질 가운데 강점과 약점으로 무엇이 있는지 생각나는 대로 적어 보자. 그리고 나의 장점을 살려 도와줄 수 있는 주변 사람과, 나의 약점을 보완해 줄 수 있는 주변 사람을 찾아 그 이름을 적어 보자.

	장점	내가 도와줄 사람	단점	나를 도와줄 사람
내 성격	ex) 혼자 잘 논다.	ex) 일하느라 바쁜 내 남자친구	ex) 건망증이 있다.	ex) 꼼꼼한 내 친구 미정이
내 체질	ex) 추위를 잘 안 탄다.	ex) 추위 많이 타는 내 친동생	ex) 잠을 잘 못 잔다.	ex) 수면제 처방해줄 수 있는 의사 친구 영미

_____

_____

_____

✔내 삶의 의미, 내 존재의 이유, 내게 주어진 것들의 가치를 발견하는 일은 행복한 삶을 사는 데 아주 중요한 비결이다. 그런데 의미란 것은 본래 있어서 찾는 것이 아니라 찾아서 있는 것이다.

Q1 내가 이 세상에 태어난 이유가 있다면 뭐가 있을지 생각나는 대로 적어 보자.
(최소 3개)

Q2 위에서 쓴 답이 사실이라 쳤을 때, 나의 세상을 보는 시선과 삶에 대한 태도에
어떤 변화가 예상되는가?

✔ 자기 마음속의 목소리에 따라 인생길의 방향을 정하는 것은 행복한 삶을 사는
데 꼭 필요한 조건이다. 단, 마음 속 목소리의 크기나 듣는 능력도 각자 타고난
성향에 따라 다르다. 또 자신의 꿈이 무엇이든 그 자체로 타인과 지구에 피해를
주지 않는 한은 모두 가치를 가진다. 인생의 가치는 '어떤 역할을 맡느냐'가
아니라 '역할을 어떻게 수행하느냐'에 달려 있다.

Q1 내 마음 깊은 곳에서 들리는 나의 진정한 꿈은 무엇인가? 적어 보자.
(없어도 괜찮다. 없다면 앞으로 마음속 목소리가 들릴 때까지
꾸준히 이 질문을 반복해 보자.)

Q2 그 목소리가 처음 들리기 시작했던 시점은 언제인가?
그때에 비해 지금 들리는 목소리의 크기는 큰가, 작은가?
내 마음 속 목소리의 크기는 언제, 어떻게 변해 왔는가?

Q3 그 목소리에 따라가기 위해 현실적으로 치러야 할 대가는 무엇이 있는가?

Q4 나에게 그 대가를 치를 각오가 있는가? 각오가 부족하다면 무엇 때문인가?

✔ 누구나 원하는 것을 모두 가질 수는 없으며, 원하는 것을 가지려면 그만한 대가를 지불해야 한다. 그러므로 함께 추구하기 어려운 가치들 사이에 서게 되면 자신이 더 중요하게 생각하는 가치가 무엇인지, 포기할 수 있는 가치가 무엇인지 잘 생각해서 결정을 내려야만 한다.

Q1 현재 내가 원하는 것 가운데 함께 추구하기 어려운 가치들(예를 들어 '돈 벌어 벤츠 사기'와 '소설가 되기')이 있는가? 구체적으로 적어보자.

Q2 현 시점에서 반드시 둘 중 하나를 택해야 한다면 어느 쪽을 택할지 생각해보자.

_____

_____

_____

Q3 이 선택을 확실히 내려야 할 때는 언제쯤으로 예상되는가? (바로 지금일 가능성이 높지만 말이다!)

_____

_____

_____

✔ 모든 문제를 해결하는 순서는 다음과 같다. 우선 생각을 하고(이성)→ 마음을 돌보고(감정)→의지를 단련한다(본능). 다만 인간의 뇌에서 이성을 담당하는 영역(전두엽)은 평균 여자는 26세, 남자는 30세 무렵에 완성된다는 사실을 유념하자.

Q1 나 혹은 주변사람이 전두엽이 완전히 발달하기 전에 저지른 일 가운데 지우고 싶은 일들을 적어 보자.

_____

_____

_____

Q2 이제 그 일을 용서하고 지워 버리자. 그러나 전두엽이 완성되는 나이를 지났고 그 사실에 대해 알게 된 사람이라면, 이제 이성→ 감정→ 본능의 순서가 뒤바뀌어 일어나는 실수에 대해서는 변명의 여지가 없음을 명심하자. 현재 해결해야하는 문제를 이성→ 감정→ 본능의 순서로 해결과정을 적어보자.

_____

_____

_____

PART.2

내 돈 사용 설명서

[두번째 새로고침]

쓴 돈만
내 돈이다

앞서 벤츠 때문에 고뇌하던 소설가 지망생의 이야기에서 보듯 꿈과 돈의 관계는 참으로 얄궂다. 꿈을 향한 길에서 돈의 함정에 걸려 넘어지지 않기 위해 가장 중요한 관건 역시 돈의 본질에 대해 똑바로 아는 것이다. 현실적으로 돈은 내가 나로서 살아가는 데 있어 나 자신을 제외하고는 가장 중요한 변수이기는 하다. 그러나 어디까지나 돈은 나 자신을 유지하고 구현하는 수단일 뿐이다. 그런데 요즘은 돈이 바로 나의 본질, 그 중에서도 가장 중요한 부분처럼 여기는 풍조가 만연하니, 꿈 자체가 단지 돈이 되어버린 사람들도 허다하다.

이런 경우 사람들은 대개 '어떻게 쓰느냐' 보다 '어떻게 버느냐'에 지나치게 집중하게 된다. 물론 돈을 쓰려면 일단 벌어야 하니 버는 것도 중요하지만, 나 자신의 가치를 결정하고 삶을 만들어가는 데는 돈을 어떻게 얼마나 모으는지 보다는 어디에 어떻게 쓰는지가 더 중요하다는 사실을 잊으면 안 된다. 이에 관한 격언들로 "너의 재물이 있는 곳에 너의 마음도 있다."는 성경 말씀마태복음 6:21과 "개같이 벌어서 정승같이 쓴다."는 속담 등이 있지만, 개인적으로 가장 감명 받았던 말은 우리 엄마가 늘 말씀하시던 "쓴 돈만 내 돈이다."라는 말이다. 언뜻 들으면 무절제한 소비를 정당화하는 말로도 해석할 수 있을 것 같고, 간혹 엄마도 농담조로 그런 식으로 말씀하기도 하셨지만, 평생 검소하고 현명한 경제생활을 몸소 보여주면서 하신 말씀이었기에 그 진정한 의미가 내게 잘 이해될 수 있었을 것이다.

돈은 그 자체로 가치가 있는 것이 아니라 가치와 교환할 수 있는 수단에 불과하므로 많이 벌어 쌓아두는 것만으로는 아무런 의미가 없다. '쓴 돈만 내 돈'이란 말의 진정한 의미가 그것이다. 물론 돈을 많이 갖고 있으면 그만큼 교환 가능성이 많다는 뜻이니까 안도감과 자신감의 바탕이 될 수 있다. 그러나 행복한 삶에 필요한 대부분의 조건들은 돈만 가지고서는 구할 수가 없는 것들이므로, 돈은 행복의 필요조건일 뿐 충분조건은 될 수가 없다. 굉장히 빤한 얘기이기도 하고 여러 연구와 통계로 증명되어 이제는 상식이 된 사실이기도 하다. 앞서도 잠시 언급했거니와 널리 인용되는 자료에 따르면, 국민소득이 2만 달러 이상이 되면 그때부터는 평균 소득이 많아지는 것과 행복 지수가 올라가는 것 사이에 관계가 없어진다고 한다. 실제로 대한민국 국민들은 우리보다 평균 소득이 훨씬 낮은 많은 나라의 국민들보다 행복지수가 낮다. 즉 돈은 어느 정도의 생활수준을 유지할 정도만 있으면 충분하며, 그 이상부터는 돈보다 다른 조건들이 행복의 관건이 된다는 말이다.

그런데도 우리가 통장 잔고를 위해 진정 행복한 삶에 꼭 필요한 몸과 마음의 건강, 꿈, 관계들마저 포기하는 경향이 점점 심해지고 있는 이유가 뭘까? 심리적으로 적당하다고 느끼는 생활수준의 조건은 절대적인 것이 아니라 상대적인 면이 크기 때문이다. 웬만큼 잘 살고 있어도 내 주변에 나보다 잘 사는 사람이 많으면 그만큼 만족감이 떨어지기 쉽다. 견물생심見物生心=물건을 보면 욕심이 생긴다이라, 사촌이 땅을 사면 배가 아프고, 말 타면 경마 잡히고 싶다는 속담들처럼 사람의 본성이 본래 간사한 탓이다. 자본주의는 이런 본성을 에너지 삼아 지금까지 발전했지만 그만큼 부작용도 많이 생겼다. 경제적인 여유가 안도감과 자신감의 바탕이 될 수 있다는 것은 반대로 여유가 없으면 불안하고 자신감이 떨어질 수 있다는 말이다. 이런 불안감과 열등감을 자극하는 것은 굉장히 효과적인 심리 조작 기술이다. 이 보험을 들지 않으면 당장 온 집안에 큰일이 닥칠 것 같고, 저 자동차를 사지 않으면 남들이 다 우습게 볼 것 같은 기분이 들게 하는 마케팅 전략들은 가만히 뜯어보면 거의 공갈 수준이지만, 무한경쟁 시장 체제 아래서는 남발되지 않을 수가 없다.

그러니 우리가 열심히 일하면서도 늘 불안하고, 툭하면 쓸데없는 데 돈을 지르고 나서 후회하고, 남들과 비교하며 열등감에 시달리고, 꿈을 향한 도전보다는 지루한 안정을 우선시하게 되는 게 전부 우리 자신의 탓이라고만은 할 수 없다. 주변에 널려 있는 맛있는 것들을 별생각 없이 주워 먹다 보면 살이 쪄서 탈이 나는 것과 마찬가지로, 물질만능주의는 이 시대 고유의 병폐이다. 전근대가 인간의 본성을 억압했던 시대라면 현대는 인간의 본성을 너무 잘 이용해 먹는 시대라 할 수 있다. 그런 이 세상에서 현명하게 경제생활을 영위하고, 행복으로 가는 길에 돈의 함정에 빠져 허우적거리지 않기 위해서는 돈을 잘 버는 기술보다도 잘 쓰는 기술을 익히는 것이 더 중요하다.

가계부 작성은 필수, 알아야 고친다

　모든 세상만사와 같은 이치로 돈을 잘 쓰는 기술을 익히기 위해서도 내가 평소 돈 쓰는 패턴을 제대로 파악하는 것이 우선이다. 그러니까 지금 나의 재정 상황에 문제를 느끼고 있고 개선해야겠다는 의지가 있다면, 무조건 가장 먼저 해야 할 일은 가계부를 쓰는 일이다. 여기에는 선택의 여지가 없다. 가계부를 안 쓰면서 돈 쓰는 습관을 고쳐 보겠다고 하는 건 건강관리를 하겠다면서 종합검진을 받지 않는 것이나, 인간관계의 문제를 풀어 보겠다면서 내 성격은 돌아보지 않는 것과 마찬가지다. 만약 이미 가계부를 쓰고 있다면 좀 더 상세하게 쓰고, 더 꼼꼼하게 분석해 보려고 노력하라. 사실 가계부를 상세하게 쓰고 있는 사람이라면 심각한 재정 문제를 느끼고 있을 가능성은 낮다. 심각한 문제가 있다면 아마도 자력으로 개선하기는 어려운 문제일 것이다.

　가계부를 안 쓰던 사람이 쓴다는 건 확실히 쉬운 일은 아니지만 일단 시작하라. 그런 귀찮은 짓을 영원히 해야 하는 것은 아니다. 일단

목표소비 습관 고치기 혹은 재정 상태 개선하기를 달성하고, 웬만큼 요령이 생기고 나면 점점 간략하게 써도 된다. 그러나 처음에는 최대한 상세하게 쓰는 것이 좋다. 요즘은 카드 명세서가 나오기 때문에 지출 내역을 기록하는 일이 예전보다 어렵지 않다. 한 달의 지출 내역을 항목별로 분류해서 한 눈에 보는 것이 중요하다. 식비/주거비/교통비/통신비/문화생활비/경조사비/의료비/저축… 등 이런 식으로 분류해서 통계를 내 본다. 보다 자세한 요령은 포털에 '가계부 쓰는 법'을 검색해 보거나, 좋은 가계부 노트를 사면 쉽게 배울 수 있다. 가계부 만큼 나의 생활방식을 적나라하게 돌아볼 수 있는 길도 없다. 마치 내 몸의 해부도를 보는 듯 생소한 기분이 들수도 있다.

석 달 정도 이렇게 상세한 가계부를 쓰다 보면 굳이 다른 얘길 듣지 않아도 스스로 어떻게 해야겠다는 계획이 떠오르고, 의지도 생길 것이다. 그에 따라 구체적인 지출 계획을 세워 보자. 항목별로 예산을 미리 배분해 놓고 다음 달부터는 그에 맞춰 지출을 통제해 보는 것이다. 계획은 실천하는 것이 중요하니까 의욕이 앞서 너무 무리하게 목표를 잡지 않도록 주의한다. 초반에 실패하면 의지를 잃어버리기 쉽다. 내가 실천할 수 있는 적절한 목표를 가늠해 보기 위해서도 최소한 석 달 정도는 가계부 분석이 필요하다.

돈에 대한
태도부터
명확히 하라

다만 구체적인 재정 계획을 세우기 전에 반드시 필요한 단계가 돈에 대한 태도를 명확히 하는 것이다. 많은 사람들이 이 단계의 중요성을 알지 못해서 돈의 고삐를 잡지 못하고 도리어 돈에 고삐를 잡히고 만다. 재테크 관련 서적들을 읽으면 수익의 몇 퍼센트는 저축해야 한다거나, 보험은 어느 정도 드는 것이 적당하다거나 하는 충고며 연령대별 재테크 계획에 대한 가이드라인 등이 나오지만, 개인의 재정 설계에 모범이란 없다. 사람마다 보유 자산과 직업, 가계 공동체의 구성과 규모, 돈이 들고 나는 주기와 패턴, 무엇보다 돈에 대한 태도가 천차만별이기 때문이다. 누군가는 착실히 저축을 해서 집을 사는 것보다 당장 돈을 빌려서라도 여행을 즐기는 것이 더 가치 있는 삶이라고 생각할 수 있고, 거기에 잘못된 것은 없다.

중요한 것은 자신의 재정 상황을 정확히 파악하고 주도적으로 운영하는 것이다. 돈을 어떻게 써도 좋지만 알고 써야 한다는 얘기다. 계획성 없이 지출을 하다 보면 늘 돈에 쫓기고 불평을 하게 된다. 그런 불평은 돈이 얼마가 더 생긴대도 사라지지 않는다. 어차피 돈은 얼마가 있어도 더 있으면 싶은 게 사람 마음이다. 현재 나의 재정 상황과 내가 원하는 것과 감당할 수 있는 정도를 정확히 파악하고, 모든 선택에는 기회비용이 있다는 원칙에 따라 계획을 세워 지키면 그것이 최선이다.

그러니까 돈에 대한 태도를 명확히 한다는 것은 다시 말하면 돈에 관련된 우선순위를 정리하는 것이다. 나에게 무엇이 얼마만큼 더 중요한가? 얼마를 더 버는 것인가, 아니면 여유 시간을 더 갖는 것인가? 하루빨리 종자돈을 만드는 것인가, 젊은 시절 취미생활을 즐기는 것인가? 나 자신의 발전을 위해 투자할 것인가, 주변 사람들과의 관계에 투자할 것인가? 대출을 빨리 갚을 것인가, 자녀 교육에 지출할 것인가? 우선순위와 현재 나의 지출 상황을 고려해서 한 달 단위로 내가 쓸 수 있는 예산을 배분한다. 여기 맞춰 지출을 하고 매달 반성을 통해 목표와 예산을 조정해 나간다. 그에 대한 결과는 감수한다. 이런 원칙만 잘 지킨다면 천재지변이 없는 한 경제적 문제가 행복에 결정적인 장애가 되는 일은 없을 것이다.

물론 계획을 야무지게 세우는 것과 그것을 실제로 지키는 것은 또다른 문제이다. 특히 욕망보상 체계과 공포불안 체계라는 우리의 두 가지 본능을 이용한 교묘한 상술로 끊임없이 무분별한 소비 욕구를 부추기는 현대 자본주의 사회에 살면서는 계획적인 지출을 하기가 보통 어려운 일이 아니다. 그것은 우리의 인식 차원을 떠나 의지를 컨트롤하는 문제이고, 의지를 컨트롤하는 구체적인 수단이 되는 것은 바로 '습관'이다. 이 원리에 관해서는 3장 '내 의지 사용 설명서'에서 상세히 설명할 것이다. 여기서는 일단 좋은 지출 습관을 만들기 위한 몇 가지 요령을 조언한다.

돈 잘 쓰는 습관 만드는 법

    좋은 지출 습관이란 말 그대로 '습관'이 될 수 있어야 한다. 대부분의 직장인들은 월수입이 대강 일정할 테지만 직업에 따라 그렇지 않은 경우도 많을 것이다. 그래도 지출은 월 평균 수입을 기준으로 매달 일정하게 맞추도록 노력해야 한다. 돈이 많이 들어올 때 많이 쓰고, 적게 들어올 때 아끼고 하는 식으로는 재테크 계획을 세우기도 어렵고, 계획대로 실천하기도 어렵다. 계획적인 지출을 하려 할 때 가장 중요한 요령은 돈의 흐름이 잘 보이게 하는 것이다. 다이어트를 할 때 식단을 기록해야 하고, 운동을 할 때 거울을 가까이 둬야 효과적인 것과 같다. 내 돈이 어떻게 들고 나는지 실시간으로 똑똑히 보여야 정신을 바짝 차리게 된다.

    그런데 요즘은 현금을 쓰는 일이 별로 없고 돈이란 게 거의 다 통장에 찍히는 숫자로 드나들기 때문에 그 흐름이 잘 와 닿지가 않는다. 게다가 신용카드를 많이 쓰니 '일단 땡기고' 갚는 패턴이 일반화되어서 지출을 통제하기가 전보다 훨씬 힘든 시대가 되었다. 이런 환경을 극복하려면 통장을 아예 지갑처럼 나눠 쓰는 요령이 필요하다. 내가 직접 지출할 수 있는 예산만 따로 들고 있어야 한다는 것이다. 월급날은 즐겁지만 월급으로 들어온 돈이 다 내 돈이 아니라는 사실을 대부분 경험으로 알 것이다. 대개 월급은 통장을 바람처럼 스쳐갈 뿐이다. 자동 이체되는 각종 요금, 적금, 대출이자, 카드 대금 등을 빼고 나면 남는 건 몇 푼 안 된다. 그걸 계산 못하고 월급 들어왔다고 이것저것 지르고 나면 자칫 통장에 '빵꾸'나기 십상이다.

그런 사태를 막으려면 처음부터 월급 통장과 생활비 통장을 분리하는 것이 좋다. 월급이 들어오면 바로 한 달 치 생활비 예산이 다른 통장으로 자동이체 되게 해 놓고, 모든 지출은 그 안에서만 해결하는 것이다. 수입이 매달 일정하게 들어오지 않는 사람이라도 이런 장치를 해두면 월 단위로 일정하게 생활비를 운용하는 습관을 붙일 수 있다. 신용카드 대금도 생활비 통장에서 결제되도록 한다. 물론 살다 보면 생각지 못한 일이 생길 수 있고, 카드 대금이 연체되면 큰일이 날 수 있으므로, 만약을 대비해 일정 금액을 늘 채워 두는 비상금 통장도 하나 있어야 한다. 여기에 강제 저축 통장까지 더하면, 계획적인 가계를 꾸리려는 사람이라면 최소한 통장을 네 개 1.월급 통장, 2.생활비 통장, 3.비상금 통장, 4.(강제)저축 통장 이상은 굴리고 있어야 한다는 얘기다. 또 하나의 요령! 모든 자동이체는 최대한 같은 날로, 월급날 이후 가까운 날로 정하는 것이 돈의 흐름을 파악하기 좋다.

실제로 지출 습관을 고치기 위해서는 9개월 코스를 추천한다. 처음 3개월 동안은 가계부를 꼼꼼하게 쓰면서 나의 돈에 대한 우선순위를 정리하고, 그에 따라 예산을 배분해 본다. 다음 3개월 동안은 계획

에 따라 살면서 반성하고 세부적인 사항을 조정한다. 다음은 다듬어
진 계획을 습관으로 몸에 붙이는 데 필요한 3개월이다. 3개월을 단위
로 하는 이유는 특정한 습관이 몸에 붙기 위해 필요한 최소한의 기간
이 약 3개월, 100일 정도라는 것이 정설이기 때문이다.

내 돈 사용
실 천 지 침

▼

✔행복을 향해 가는 길에 돈의 함정에 빠지지 않기 위해서는 돈에 대한 태도를 명확히 하는 것이 가장 중요하다. 돈에 대한 태도를 명확히 한다는 것은 곧 지출에 대한 우선순위를 결정하는 일이다.

Q1 최소한의 생계를 위한 비용과 대출 상환금 등을 제외하고 나머지 한정된 금액을 가지고 예산을 세울 때, 나의 우선순위는 무엇인가? 아래의 지출 항목들을 중요하다고 여겨지는 순서대로 나열해 보자.
ex) 저축, 보험 등 안정성 위주 재테크 / 투자 등 수익 위주 재테크 / 의류비 / 식비 / 문화생활비 / 자기계발비 / 교제비 / 경조사비 / 건강관리비 / 기부금 / 자녀교육비 / …

_____

_____

_____

_____

Q2 나의 최근 한 달간 지출 내역을 위의 항목들에 따라 분류하고, 내가 매긴 우선순위와 비교해 보자. 개선해야 할 부분이 보이는가? 지출 습관 개선이 필요한 항목들에 대해서도 우선순위를 매겨보자.

_____

_____

_____

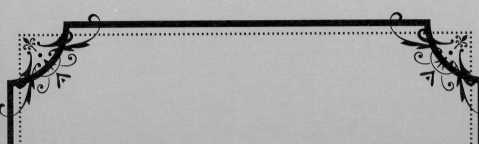

PART.3

내 마음 사용 설명서
[세번째 새로고침]

아프니까 청춘이다?
우울증에 대한 오해와 진실

　여기까지 읽으면서 머리 한 쪽은 시원하게 트이는 반면 가슴이 좀 답답해지는 느낌도 받았다면, 제대로 읽고 있는 것이다. 그건 아마 "누가 그런 걸 몰라서 이러고 사나…?"란 생각일 텐데, 정확한 지적이다. 제대로 아는 것이 우선이기는 하지만 아는 것만으론 아무것도 해결되지 않는 게 사실이다. 많은 경우 우리의 가슴과 몸은 생각과는 너무도 다르게 움직이며, 그런 나 자신을 길들이는 일은 모든 사람들에게 평생의 숙제라 해도 좋을 것이다. 사람을 움직이는 '이성', '감정', '본능' 이 세 가지 시스템은 서로 긴밀하게 연결되어 영향을 주고받기는 하지만, 작동 체계 자체가 다르기 때문에 각기 알맞은 방식으로 다루어야 한다. 제 1장 '내 꿈 사용 설명서'에서 '생각'을 제대로 하는 법에 대해 이야기했다면, 이번 장 '내 마음 사용 설명서'에서는 '감정'을 돌보고 다루는 법에 대해 이야기한다.

　행복은 내 마음먹기에 달렸다. 모든 삶에는 의미와 가치가 있다. 인간은 누구나 저마다의 한계와 부족함을 안고 산다. 머리로는 다 알고 있을지라도 마음이 도무지 인정하려 하지 않는다. 아무래도 내가 세상에서 제일 불행한 것 같고 내 삶엔 아무 의미도 희망도 없는 것만 같다. 무슨 일에도 의욕이 나지 않고 심지어 자살충동마저 든다. 낯설지 않은 이 모든 마음들은 전형적인 우울증 증상에 속한다. 우울증은 통계마다 조금씩 다르지만 대개 전인구의 15~20% 정도가 일생에 한 번 이상 겪는다고 한다. 생각보다 굉장히 흔한 병인 셈이다. '현대병', '마음의 감기'라는 별명처럼 우울증은 시대적인 현상인 동시에 보편적인 증상이기도 하다. 우울증으로 이야기를 시작한 까닭이 여기 있다.

우리가 평범한 일상 속에서 행복감을 느끼고, 꿈을 향해 노력하며 사는 데 훼방을 놓는 감정적 문제들은 대부분 우울증 계열에 속한다. 이에 비해 정신분열증이나 강박증, 공황증 계열은 그리 흔하지 않다. 게다가 후자의 병들은 그나마 병 취급이라도 제대로 받는다. 그런데 우울증은 질병이라기보다는 일종의 풍조로 생각되는 경향이 강하다. '아프니까 청춘이다'나 '힐링'이란 말이 유행하는 것처럼 말이다. 실제로 현대 사회에 우울증이 더 흔해지기도 했고, 요즘 청춘들이 유독 더 아픈 것도 사실이다. 그러나 우울증은 풍조나 유행이 아니라 엄연한 질병이다. 따라서 누가 '토닥토닥'하거나 '으쌰으쌰' 해주는 것으로 해결할 수 있는 문제가 아니다. 신체적 질병과 마찬가지로 정확한 이해와 관리가 필요하다.

아직 정신질환에 대한 인식이 부족한 탓에 우리는 앞서 말한 우울증 증상들을 의식의 문제나 의지의 문제로 착각하기 쉽다. 건강하고 균형 잡힌 정신을 가진 사람의 기준으로는 자살을 선택한 사람들의 상황을 이해하기 어려운 경우가 많다. 조금만 다르게 생각했다면, 조금만 더 견뎌냈다면 충분히 해결할 수 있는 상황이었을 텐데, 왜 저런 극단적인 선택을 했을까? 힘들었던 건 이해하지만, 사실 뭐가 그렇게 힘들었던 건지 객관적으로 보기엔 도저히 이해할 수 없는 경우도 있다. 스스로 목숨을 끊기까지 하는 것은 아무래도 어리석고 의지박약한 선택으로 보인다. 한편으론 맞는 얘길 수도 있지만, 그들을 어리석고 의지박약하게 만든 것, 즉 그들의 이성과 의지를 마비시킨 것은 바로 마음의 '질병'이다. 상징적이거나 개념적인 의미에서가 아니라, 실제로 그렇다. 심한 우울증에 걸리면 기억력과 인지 능력이 떨어져서 건강한 사람들에겐 아주 당연한 유추나 판단을 할 수가 없게 되고, 식욕, 수면욕 등 기본적인 생물학적 욕구마저 사라진다. 생존 본능이 없어지는데 죽음이 두렵지 않게 되는 것도 자연스럽다.

마음의 병은 몸의 병과 마찬가지 원리로 발생한다. 유전적으로 취약한 부분에 환경적으로 나쁜 영향이 쌓이다가 어느 선을 넘으면 병이 난다. 똑같이 힘든 일을 했는데 누군 허리가 나가고 누군 괜찮다. 똑같이 상한 우유를 먹었는데 누군 배탈이 나고 누군 말짱하다. 똑같이 비를 맞는데 누군 감기에 걸리고 누군 안 걸린다. 정신질환도 이와 다를 바가 없다. 우울증 유발 요인의 30~50%는 유전으로 추정된다. 간단히 말해 감정과 기분을 관장하는 뇌 부위와 호르몬 체계의 균형이 좋지 않게 태어나면 우울증에 걸리기 쉬운 체질이 된다. 보통은 사람이 큰 충격이나 스트레스 받을 때 뇌에서 그런 감정을 관리하는 물질들이 나와 균형을 맞추기 때문에 시간이 지나면 상황을 극복하고 평정심을 되찾게 된다. 우울증은 이 화학적 균형이 심하게 깨져서 복원력을 상실하면 생기는 현상이므로 생각을 고친다든지 의지를 다

잡는 수만으로는 나아지기 어렵다. 술에 만취했을 때 아무리 정신을 차리려 애쓴 다고 해서 혈중 알코올 농도를 낮출 수 있겠는가? 우울증은 약물 치료를 병행하여 초기에 빨리 치료하는 편이 좋다. 그러지 않고 방치하여 중증이 되면 뇌 자체에 손상이 와 버린다. 그러면 더더욱 회복하기가 어려워진다.

'마음의 감기'란 별명처럼 우울증을 감기에 비유해 보면 이해하기가 쉽다. 보통 사람도 종종 감기에 걸려 고생하지만 대부분 푹 쉬면 곧 낫는다. 그러나 면역력이 약한 사람이 심한 감기에 걸리면 쉽게 낫지 않고 심하면 기관지염, 폐렴 등으로 발전해 생명이 위태로워지기도 한다. 그런 단계까지 가면 항생제를 투여해서 치료해야 한다. 그리고 한 번 이렇게 심하게 앓았던 사람은 이후로도 보통 사람들보다 특별히 더 신경 써서 관리를 해야 한다. 감기엔 섣불리 약을 쓰기보다는 자연 치유되게 놔두는 편이 좋다지만, 호흡기 질환에 특별히 취약한 사람은 예외이다. 가벼운 감기 같아도 유난을 떨며 즉시 전문가의 진단과 치료를 받는 편이 안전하다.

여기서 '보통 사람의 가벼운 감기' = '단순한 우울함', '감기가 발전한 심각한 폐렴' = '우울증', '폐렴으로 인한 죽음' = '우울증으로 인한 자살'로 보면 된다. 우울증으로 인한 자살은 명백히 병사에 속한다. 그러니까 대부분의 경우 자살에 관하여 당사자의 책임 여부를 논하는 것은 대단히 무지하고 잔인한 시각이다. 병에 걸렸거나 유전적으로 어딘가를 약하게 타고난 책임을 당사자에게 돌릴 수는 없는 일이다.

하지만 그렇다고 우울증을 관리하고 극복할 수 있는 여지가 개인에게 없는 것은 아니다. 핵심은 바로 이것이다. 마음이 움직이는 원리에 대해 제대로 알고 노력하면 웬만큼 내 마음을 돌볼 수 있을뿐더러, 그것은 행복하고 의미 있는 삶을 위한 필수적인 노력이자 의무라는 사실!

우울증 환자에게만 해당하는 얘기가 아니다. 여기서 또 하나의 중요한 사실을 짚고 넘어가자. 위의 비유에서 '면역력이 정상인 사람'과 '호흡기가 약한 사람', '보통 감기'와 '폐렴으로 발전할 수 있는 심한 감기', '항생제로 치료되는 폐렴'과 '생명을 위협하는 심각한 폐렴' 등의 경계는 절대 딱 부러지는 것이 될 수 없다. 정신질환도 이와 같다. 어느 선부터를 정상적 우울함이 아닌 병적 우울증으로 봐야 할지에 관해 불변의 명확한 정의가 있는 것이 아니다. 물론 의학적 진단 기준이 있지만, 어디까지나 새로운 연구 결과와 학계의 합의에 의해 변할 수 있는 기준이다.

실제로 현대에 우울증이 흔해진 것은 진단이 흔해졌기 때문이기도 하다. 지금 같으면 얼마든지 치료와 관리가 가능한 정신질환이 정신의학이 발달하기 이전에는 단순히 개인적인 성품의 문제나 심지어 귀신이 들린 걸로 해석되어서 차별받고 인권을 침해당하기도 했다. 그러나 한편으론 현대의 정신질환 진단이 전문화, 세분화되면서 상업적으로 남용되고, 무엇보다 감정의 문제를 개인이 관리할 수 있는 가능성과 의무에서 멀어지게 한다는 문제점도 발생하고 있는 게 사실이다.

대표적인 예가 최근 어린이들에 대한 ADHD주의력결핍과잉행동장애 진단의 남발이다. 어린이들이 기질에 따라 성장기, 특히 억압적인 환경에서 일시적으로 산만하고 과한 행동을 보이는 것은 자연스러운 일인데, 그것을 무조건 행동장애로 진단하고 약물을 마구 처방하는 게 유행이라고 한다. 정신과 의사들은 한 푼이라도 돈을 더 벌고 싶고, 엄마들은 아이들을 약물로라도 자리에 앉혀 한 자라도 더 공부를 시키고 싶기 때문에 일어나는 현상이란다. 그런 보도들을 접할 때마다 정말 화가 난다. 덩치 큰 사냥개를 원룸에 가둬 놓고 키우면서 집안에서 날뛴다고 목줄 채워 가며 행동 교정을 시키는 짓과 무엇이 다른가 말이다. 이런 경우 개를 넓은 데 풀어놓고 충분히 놀게 해 주면 십중팔구 문제행동은 절로 고쳐진다. 후자가 명백한 동물 학대인 것처럼 전자도 명백한 아동 학대이다.

그러나 분명히 약물 치료까지 필요한 심각한 ADHD 어린이도 있다. 그리고 그냥 산만한 아이와 치료가 필요한 ADHD 환자 사이에 전지구인이 동의할 만한 명확한 경계가 존재하는 것도 아니니 문제다. 진짜 심각한 문제는 명확한 경계라는 게 존재한다고 믿는 데서 일어난다. 사실 이 세상 모든 문제의 대부분은 "사람들이 다 나 같지는 않다."와 "모든 일의 종류와 단계에 명확한 경계가 있는 것은 아니다." 란 이 두 가지 사실을 모르거나 잊기 때문에 일어난다.

병원에서 우울증 진단을 받을 만큼 심각한 수준이 아니라도 개인적으로 주의와 관리가 필요한 상황이 얼마든지 있다. 요즘 사회에서 문제가 되는 수많은 '아픈 청춘'들은 대부분 이런 상황에 있다고 보면 된다. 아니, 실은 분명 병원에 가야 할 수준인데도 자신이 정신적으로 아프다는 사실을 인정하려 하지 않거나 그런 인식조차 못하는 사람들도 주변에 꽤 있다. 그 정도면 본인도 자기 상태를 견디기 힘들고, 뭔가 문제가 있다는 걸 알 수밖에 없어서 대개는 혼자 해결책을 찾아 이리저리 기웃거리다가, 하다못해 잡지 상담 페이지라도 들춰보고 타로점이라도 보다 보면 주워들은 게 생겨서, 자신의 증상이 대충 우울증에 해당한다는 것을 알고 있는 경우가 많다. 그러다 "아무래도 나 좀만 더 나가면 진짜 우울증 되겠어. 상담이라도 받아볼까 봐." 이런 식으로 말을 흘릴 때가 있다. 그런데 그때 내가 반색하면서 "그래, 너무 힘들면 도움을 받는 것도 좋지. 더 힘들어지기 전에 꼭 상담 받아 봐." 하면, 거의가 "뭐 그런 얘기는 아니고…. 아직 그럴 때는 아닐 거고…. 내가 정신 차려야지 뭐…." 라며 꼬리를 빼기 일쑤다. 그런 사람들이 그 말처럼 '내가 정신 차려서' 문제를 해결하는 경우를 난 지금껏은 보지 못했다.

아주 중증이 아니라면 우울증도 스스로의 의지로 관리하고 회복하는 것이 가능하다. 그러나 그것은 자신이 우울증이라는 사실을 분명히 인식하고, 전문가들에게 검증받은 관리법을 알고 있을 경우에 가능한 일이다. 다만 역시 중증이 아닌 다음에는 놔둬도 절로 상태가 나아질 때가 온다. 우울증을 치료하지 않고 내버려두면 처음엔 보통 몇 달 만에 증상이 나아진다. 그러나 우울증은 재발이 아주 쉽고, 제대로 관리하지 않고 재발을 거치다 보면 증상이 점점 심해지게 된다. 나중엔 호미로 막을 일을 가래로 막게 된다. 한때 심각한 우울증을 겪어 병원에 다녔던 사람들은 오히려 자기 병에 대해 잘 알기 때문에 종종 재발을 겪으면서도 상태가 더 나빠지지 않게 잘 관리하면서 살아가는 경우가 많다. 그러나 초기에는 치료까지 받을 정도가 아니었던 사람들이 자기 상태를 방치하고 도피하다가 점점 상태가 나빠지기도 한다. 지인으로서 그런 과정을 지켜보게 되는 건 무척 안타깝고 힘든 일이다.

우울증은 감기나 다를 바 없는 질병이다. 우울하다 못해 무기력해지고 갑자기 감정 조절이 안 되는 등의 증상을 자신이 정신을 못 차려서라거나 의지박약이라 여기고 부끄러워할 이유가 전혀 없다. 물론 우리나라는 아직도 사회적으로 정신질환에 대한 선입견이 남아 있어 정신과 진료를 받으면 인간관계나 직장생활에서 불이익을 받을 여지가 있기 때문에 망설여지는 것은 충분히 이해한다. 그러나 적어도 "설마 내가 우울증일 리 없어."라는 생각만큼은 말았으면 한다. 다시 말하지만 질병으로서 우울증의 명확한 경계가 있는 것은 아니다.

질병 수준의 문제가 아니라도 홀로 정직한 눈으로 자신을 바라봤을 때 상황적으로 납득이 안 갈 만큼 힘든 마음이 계속되고, 꿈을 이루고 행복해지기 위해선 지금의 감정 문제를 반드시 해결해야겠다는 생각이 들면, 그때가 바로 내가 내 마음을 돌보기 시작해야 할 때이다. 다른 사람이나 상황 변화가 문제를 해결해 줄 거란 생각은 버려라. 그럴 수도 있지만, 어차피 다른 사람이나 상황은 내 힘으로 어찌할 수 없는 일이다. 내가 풀 수 있는 데서부터 시작하는 수밖에 없다. 게다가 다른 사람이나 상황의 문제는 내 우울의 원인이 아니라 결과일 수도 있다.

닭이 먼저냐 달걀이 먼저냐,
따지지 마라

세상 많은 일들처럼 감정적 문제도 원인과 결과를 정확히 가르는 일이 쉽지 않다. 우리는 당연히 괴로운 경험이 부정적인 감정을 유발한다고 여기는데, 똑같은 경험이라도 사람에 따라 다르게 받아들여지고 전혀 다른 결과를 낳는 경우가 흔하다. 우울하고 부정적인 사람은 대체로 인간관계에 문제가 많고 직장생활도 힘들어한다. 이 경우 상황적 문제가 감정적 문제의 원인인지 결과인지는 명확하지 않다. 다시 말해 연애가 잘 안 풀려서 우울해진 건지 우울한 성격 때문에 연애가 잘 안 풀린 건지, 직장생활이 힘들어서 성격이 나빠진 건지 성격이 나빠서 직장생활이 힘들어진 건지 딱 잘라 말하기가 어렵다는 얘기다. 의학적으로 증명된 심리적 문제의 요인들마저도 원인인지 결과인지 애매한 경우가 많다.

예를 들어 사람이 햇빛을 충분히 쬐지 못하면 멜라토닌이라는 호르몬 분비에 영향을 받아 우울감이 높아진다. 그 때문에 낮이 짧은 겨울철, 그리고 위도가 높은 지방에서 우울증이 더 흔하다. 그런데 고위도 지방의 우울증이 흔한 것은 일조량 부족의 결과가 아니라 유전적 원인이라는 설명도 있다. 해가 짧고 기온이 낮은 고위도 지방에선 앞날을 충분히 염려하는 부정적인 성격이 생존률을 높이기 때문에 분명 추운 지방에서 태평하게 굴었다간 얼어 죽기 십상이다. 우울증에 걸리기 쉬운 유전자가 많이 살아남아서 그렇다는 것이다. 또 영양 섭취가 성격에 영향을 준다는 연구 결과가 있다. 자극적인 음식이나 인스턴트식품을 많이 먹는 사람들은 주의력이 떨어지고 충동적인 성격이 된다고 한다. 그런데 반대로 그런 성격 때문에 식생활을 통제하지 못하는 것이라는 설명도 있다.

심지어 어린 시절 심한 체벌을 겪은 사람들이 폭력적인 성격이 되기 쉽다는 상식적 설명조차 정신의학, 심리학 전문가들은 반대로 해석할 여지를 열어둔다. 체벌을 겪어 폭력적이 된 것보다는 어린 시절부터 폭력적이고 통제가 쉽지 않은 성격 탓에 체벌을 겪기가 쉬웠을 수 있다. 또는 폭력적 성향도 유전되는 측면이 있으므로 부모 자식이 모두 유전적 폭력성을 가진 탓에 체벌이 많이 일어난 것일 수도 있다…. 이쯤 되면 진짜 뭐 어쩌라는 건가 하는 생각이 든다.

이럴 때 닭이 먼저냐 달걀이 먼저냐 하는 질문에 집중해서는 절대 답이 안 나온다. 태초에 뭐가 먼저였든 어쨌든 닭이 달걀을 낳고 달걀에서 닭이 나온다. 어릴 때부터 거친 성격이라 매를 많이 맞았다 해도 맞다 보면 성격이 점점 더 거칠어지는 법이다. 우리가 할 일은 악순환 고리의 한쪽 끝을 잡아 방향을 돌리는 것이다. 처음에는 힘들지만 나쁜 영향과 마찬가지로 좋은 영향도 선순환하기 때문에 시작이 반이이라는 생각으로 실천해 보자. 중요한 건 우선 내가 잡을 수 있는 고리를 잡는 일이다. 적어도 나 자신의 감정적 균형이 무너져 있는 상태에서는 다른 문제^{주변} 상황이나 인간관계들에 제대로 손을 댈 수도 없고, 그래 봤자 별 소용없을 가능성이 많다. 일단 내 마음부터 추스르자. 내 문제가 모두 내 탓이기 때문이 아니다. 문제를 풀어 가려면 그게 순서이기 때문이다.

호르몬의 힘을
인정하라
;마음 추스르기=감정 컨트롤 노하우

그렇다면 이제 벗어날 수 없는 우울감이든 조절할 수 없는 분노이든 내 감정적 문제를 돌보는 구체적인 요령들을 알아보자. 앞서 말했듯 정도가 심각하다면 약물치료를 병행하지 않고는 회복이 어렵다. 그렇다고 내 의지는 아무 도움이 안 되느냐 하면 그건 아니다. 술에 취했을 때 정신을 바짝 차린다고 혈중 알코올 농도가 내려가는 것은 아니지만, 그래도 정신을 차리려고 노력해야 맨땅에 헤딩을 하거나 헤어진 애인에게 전화해서 주사를 부리는 등 2차 사고의 가능성을 낮출 수 있다. 술에 취한 자체보다도 2차 사고가 악순환을 부르기 쉽다. 술의 힘을 빌려 정신 줄 놓고 한바탕 깽판을 치고 나면 스트레스가 풀릴 것 같지만, 오히려 그 때문에 더 곤란한 상황에 빠지고 자괴감을 느끼고, 그 스트레스를 풀려고 또 술에 의존하면서 결국 뇌의 일부가 손상되는 치명적 알코올 중독 상태까지 가게 된다. 그 전에 악순환의 고리를 끊는 것이 내 의지로 할 일이다.

술 취한 사람 중에 제일 대책이 없는 사람이 안 취했다고 우기는 사람이다. 자신이 술에 취했다는 사실을 깨닫고 실수를 안 하려고 노력하면 사실 웬만한 실수는 막을 수 있다. 감정적 문제도 이와 같아서 자신의 상태를 정확히 알고 인정하는 일이 가장 결정적이고 우선적인 해결책이다. 이때 혼자만 알고 있는 것보다 주변 사람들에게도 알리는 편이 훨씬 도움이 된다. 안다고 해서 문제가 다 해결되는 것은 아니지만, 같은 문제라도 알고 겪는 것과 모르고 겪는 것은 큰 차이가 있다.

예를 들어 많은 여성들이 월경전증후군을 겪는다. 월경을 전후해서 호르몬 변화로 인해 기분이 우울해지거나 예민해지는 증상이다. 심한 경우 참을 수 없는 절도 충동이 일거나 남의 피를 빨아먹으려고 하는 등의 기행으로 신문지상을 장식하기까지 한다. 진짜다! 도벽이나 흡혈까지는 아니라도 월경전증후군으로 힘들 때 가장 좋은 해결책은 바로 내 경험이기에 자신 있게 말할 수 있는 건데 자신이 그런 상태라는 것을 계속 염두에 두고 행동하는 것이다. 주변 사람들에게도 좀 민망함을 무릅쓰고 알려 놓으면 대부분 아량을 발휘해 주고, 나도 부담감이 덜해져 오히려 실수를 덜 하게 된다. 감정이란 미묘하고 복잡한 힘이라서 아무리 강한 의지로도 완벽히 컨트롤하기 어려울뿐더러 타인들에게 쉽게 전달되는 것이 문제다. 따라서 내 의지만 믿고 주변의 도움을 구하지 않으면 괜한 오해나 트러블이 생기고, 그 때문에 악순환에 빠지기 쉽다.

월경전증후군을 겪어본 사람이라면 호르몬이란 게 얼마나 위력적이고 감정이란 게 얼마나 간사한지를 확실히 겪어 알 것이다. 그걸 인정하기만 해도 살기가 한결 편해진다. 내 영혼이 그깟 화학 물질 따위에 그렇게나 좌우된다는 사실을 인정하기 어려워하는 사람들도 많지만, 괜한 자존심을 버리고 겸허해지면 그만큼 자유를 얻을 수 있다.

실제 여성 호르몬이 월경전증후군과 마찬가지로 우울증에도 영향을 주기 때문에 우울증 환자는 여성이 남성보다 2배 정도 흔하다.

멘탈 셀프 힐링법,
'인지행동치료요법' 따라하기

그러므로 감정 문제를 해결하기 위해서는 우선 호르몬을 조절하기 위한 신체적 활동이 필요하다.

첫째, 햇빛을 충분히 쬐는 것이 중요하다. 장마철이라면 큰일인데, 잠깐이라도 해가 얼굴을 내밀 때 어떻게든 일광욕을 하러 나가자. 둘째, 운동을 하는 것도 기분을 좋게 해주는 호르몬 분비에 도움이 된다. 운동을 즐기지 않는 사람이라면 산책 등 가볍게라도 몸을 움직이자. 셋째, 먹는 것도 중요하다. 사람이 보통 기분이 안 좋으면 몸에 안 좋은 음식을 찾게 되는데, 이 또한 호르몬의 작용이다. 우울하면 단 음식이 당기고 스트레스를 받으면 짠 음식이 당긴다는 사실이 의학적으로 증명되었다. 문제는 이런 자극적인 음식은 몸에 안 좋은 건 둘째 치고, 순간적으로 기분을 풀어 주긴 하되 반작용으로 금세 더 기분이 나빠지게 만든다는 것이다. 가끔 가다 울적할 때 아이스크림이나 과자를 폭풍 흡입하고 위안을 얻는 것 정도는 나쁘지 않다. 그러나 우울과 스트레스가 만성이 되어 있는 상태에서 자극적인 음식에 의존하는 것은 악순환에 빠져드는 위험한 선택이다. 기분이 우울할수록 건강하고 규칙적인 식생활을 해야 한다. 몸을 돌보는 방법에 관해서는 5장(내 몸 사용 설명서)에서 자세히 설명한다. (149페이지 참조)

우울증의 신체적유전적 유발 요인이 30~50%라면 나머지는 상황적, 감정적 요인이다. 우울증을 유발하기 쉬운 감정 상태는 크게 2가지가 있다. 첫째는 고독감, 둘째는 무력감이다. 고독감은 타인들과 충분한 유대감을 느끼지 못할 때 느끼는 감정이고, 무력감은 자기 일에 스스로가 충분한 영향력을 발휘하지 못한다고 때 느낄 때 생기는 감정이다. 즉 양쪽 다 개인과 공동체 간의 적정한 거리 유지가 안 되는 데서 일어나는 문제라 할 수 있다. 이 또한 여성이 남성보다 우울증에 걸리기 쉬운 원인이 된다. 여성은 대체로 남성보다 타인과의 유대감을 중요시하며, 또 대부분의 사회에서 남성에 비해 주체적으로 행동하기 어려운 처지에 놓여 있기 때문이다.

그러나 여성들은 감정에 예민한 만큼 오히려 남성들에 비해 감정 관리에 능숙한 편이다. 정식으로 우울증 진단을 받은 경험이 있는 사람이 오히려 그렇지 않은 사람들보다 자신의 상태를 인지하고 검증받은 치료법을 활용함으로써 우울증 관리를 더 잘하는 것과 같은 이치이다. 여성 우울증 환자가 많은 것은 여성들이 보다 적극적으로 감정적 문제에 대처하기 때문일 수도 있다. 그래서인지 남성 우울증 환자의 자살률은 여성 우울증 환자의 그것보다 훨씬 높다고 한다.

어쨌거나 정신적 건강을 유지하기 위해선 고독감과 무력감이 극단적으로 치닫지 않게 관리하는 요령이 필요하다. 문제 상황에 너무 집중하지 말고 눈을 돌려 보자. 가까운 사람들과 문제가 있다면 새로운 사람들을 만날 기회를 만들어 보고, 공적인 관계에서 문제가 생겼다면 가까운 사람들과 좋은 시간을 좀 더 보내려고 노력하는 것이 도움이 된다. 또 내 힘으로 해결할 수 없는 문제에 집착하기보다는 뭐든 스스로 만족감을 느낄 수 있는 생활 속의 작은 목표나 취미 등을 찾아 무력감을 보상 받도록 한다.

감정적 문제를 겪고 있는 사람일수록 이 모든 애기들이 헛소리처럼 느껴질 것이다. 우리가 햇빛을 보고 운동을 하고 취미활동을 시작한다 해서 떠나간 연인이 돌아오는 것도 아니고, 미친 직장 상사가 갑자기 사표 쓰는 것도 아니다. 그건 사실이다. 그런데 일단 해 보라. 나아진다. 분명 상황이 달라진 건 없는데, 이상하게 살 만해질 것이다. 그것이 감정의 신비이다. 실제로 지금까지 이야기한 요령들은 정신과에서 시행하는 '인지행동치료'에 해당하거나 같은 맥락에 있는 방법들이다. 인지행동치료는 말 그대로 자신의 심리 상태를 정확히 '인지'하고 '행동'을 교정함으로써, 자신이 처한 상황과 긍정적인 피드백을 시작하여 악순환을 선순환으로 바꿀 수 있도록 하는 원리의 치료법이다.

인지행동치료는 지금까지 개발된 각종 정신질환 치료법들 중 의학적 연구와 실험을 거쳐 가장 널리 효과적이라고 인증 받은 치료법이다. 정신과에 가면 전문적 소양을 갖춘 의사가 체계적인 상담을 통해 이 과정을 유도하므로 큰 효과를 볼 수 있다. 그러나 병원까지 가야 할 정도나 그럴 만한 상황이 아니라면 개인적으로 실천해도 도움을 받을 수 있을 것이다. 핵심은 지금까지 이야기한 방법들은 감정 관리에 실질적인 효과가 있는 방법들이라는 것이다. 잘하면 정신질환도 치료할 수 있는 방법들인데, 그보다 가벼운 문제들에 도움이 안 될 수는 없다. 처음엔 힘들겠지만 일단 실천해 보기 바란다. 빛이 보이기 시작하면 더 노력할 의욕이 생길 테니, 드디어 선순환의 고리에 진입한 것이다.

믿음, 소망, 사랑
이 세 가지는 항상 있을진대

물론 심한 정신적 악순환에서 벗어나는 일이 말처럼 쉽지만은 않다. 끝이 없을 것만 같은 어둠의 소용돌이 속에서 희미하게도 보이지 않는 빛을 향해 흐름을 거슬러 가는 일은 그 자체로 인간의 존재 가치를 증명하는 일이다. 보이지 않는 빛의 존재를 믿고 그 방향을 가늠할 수 있게 하는 것이 바로 '믿음'이다. 정신과 의사를 믿을 수도 있고, 이 책에서 하는 내 말을 믿어줄 수도 있지만, 결국 자기 자신과 자기 존재의 근원에 대한 믿음 없이는 그 길을 끝까지 가기 어렵다. 이런 믿음은 종교적인 믿음과 거의 같은 맥락이라 할 수 있다. 물론 특정한 종교 없이도 얼마든지 이런 근본적인 믿음을 가질 수 있다.

심한 정신적 문제에서 벗어나는 데는 어떤 식으로든 이렇게 종교성을 띤 근본적 믿음, 즉 '영성'이 거의 필수적이라는 사실이 여러 연구에서 밝혀졌다. 대개의 과학자나 사회학자들은 영성에 관해 언급하는 것을 꺼려하는 편인데도 불구하고 말이다. 또 정신과 의사들이 쓴 책에도 이런저런 분석 끝에 결국 정신질환을 근본적으로 치료하는 데 가장 중요한 자원은 가족이나 주변인들의 '사랑'이라고 결론내리는 경우가 많다. 아무리 현대 의학과 과학이 발달했어도 인간의 마음의 문제에 있어서 믿음, 소망, 사랑이라는 전통적인 영적 가치를 대체할 길은 아직 없는 셈이다. 따라서 어려운 정신적 문제를 해결하는 데는 종교에 귀의하거나 몰두해 보는 것이 도움이 될 수 있으니 참고 바란다. 종교는 1장에서 얘기한 행복의 주 요건인 '내 삶의 의미와 존재의 가치를 찾는' 길에 관한 인류의 지혜를 모아 놓은 체계이기도 하다.

지금까지 마음이 움직이는 원리를 알아보고, 마음을 돌보기 위한 방법으로 약물 치료, 인식과 행동 교정, 종교 귀의 등의 방법을 살펴보았다. 이중 약물과 종교는 반드시 전문가의 도움을 받아 사용해야 한다. 돌팔이 사이비 요주의! 그럼 이제부터는 스스로 인식과 행동을 교정하는 데 도움이 되는 좀 더 구체적인 사항들을 알아보자.

희망고문에 대처하는
우리의 자세,
"안 되면 말고!"

우울증이 '현대병'인 데는 이유가 있다. 우울증을 감기에 비유한 바 있지만, 사실 질병의 유형으로 따지면 성인병과 비슷하다. 당장 내일 먹을거리가 걱정이고 하루하루 생명의 위협을 받는 상황에서는 사람이 좀처럼 우울증에 걸리지 않는다. 생존 본능이 우선적으로 발휘되기 때문이다. 그러나 인간은 생존 본능 버금가게 정서적 유대감과 자존감도 중요한 동물이다. 전통 사회에서 사람들의 일생은 태어나면서 속하게 된 공동체와 계급에 의해 거의 정해져 있었다. 어차피 다른 가능성이 없었기 때문에 진로나 배우자의 선택을 두고 고민한다거나 다른 사람과 처지를 비교하고 경쟁할 일도 없었고, 공동체의 일원으로 책임을 다하는 것만도 바빠서 고독감을 느낄 겨를도 별로 없었다. 이에 비해 물질적 풍요와 더불어 개인적 자유를 누리게 된 현대인은 자유가 불안한 한편 자유를 억압당하는 고통에도 민감해지고, 고독감과 상대적 박탈감에 시달리게 되었다. 특히 우리나라는 근대화 이후 사회 변화 속도가 너무 빨랐던 데다가 그 과정에서 식민 지배, 전쟁,

독재 등 갖은 시련을 겪으면서 전통적 가치와 공동체가 뿌리까지 박살났고, 세대별로 너무 다른 경험과 트라우마를 가진 탓에 사회적으로 합의된 가치를 세우기도 어려워 개인화, 파편화 현상이 더 두드러지게 되었다. 이 결과가 바로 OECD가입국들 중 자살률 1위라는 현황이다.

그중에서도 '아프니까 청춘이다'의 주인공인 우리 20~30대 청년들의 풍조는 전형적인 우울증 증상에 가장 가깝다. 우리 청년 세대는 역사상 가장 물질적으로 풍요롭고 가장 개인화된 사회에서 성장기를 보냈다. 그런데 어른이 되고 보니 그새 경제 성장이 둔화되어 높은 꿈을 펼치기는커녕 혼자 힘으로는 중산층의 삶을 누리기도 어려운 상황이 되어 버렸다. 원래 경제 규모가 웬만큼 커지고 나면 그 이상의 성장이 점점 어려워지고, 사회 체제가 어느 정도 안정된 후에는 그 안에서 변화나 이동이 힘들어지는 법이다. 우리나라만 그런 게 아니라 자본주의가 성숙한 나라에서는 다 비슷하게 일어나는 현상이다. 진짜 문제는 이젠 개인의 노력만으로 사회, 경제적 지위를 성취하기가 어려워진 상황임에도 불구하고 그것이 가능한 것처럼, 실제로는 선택의 여지가 별로 없음에도 불구하고 모든 길이 활짝 열려 있는 것처럼, 이 모든 상황이 개인의 책임이 아닌데도 그런 것처럼 믿게 만드는 풍조인 것이다.

이런 풍조가 만연하게 된 이유는, 우선 불과 몇 십 년 전까지만 해도 우리나라는 한창 발전하고 변화하면서 개인의 노력으로 성취할 여지가 많은 사회였으므로 그때의 기억이 많이 남아 있는 탓이다. 어르신들, 제발 "우리 때는…"이란 말씀 좀 자제요! 그때랑 지금은 다르다고요! 또 성장이 한계에 부딪친 상태에서 시장이 계속 돌아가려면 어떻게든 소비자의 주머니에서 돈을 끌어내야 하니 점점 무리한 소비 욕구를 부추기려 한다. 기득권층은 구조적 문제를 감추기 위해 모든 것이 개인의 책임인 것처럼 분위기를 몰아간다. 이 과정에서 대중매체가 중심적인 역할을 한다. 그만큼 소비할 수 있는 여유가 있는 사람은 많지 않은데 눈앞엔 탐나는 물건들이 넘쳐난다. 실제로 '성공'한 사람은 극소수인데 여기저기서 그들 얘기만 들려온다. 꿈과 열정만 있으면 다 가질 수 있을 것처럼 다들 얘기하는데 막상 해 보니까 쉽지 않다. 한 마디로 '희망고문'이다. 사람이 희망고문에 시달리다 보면 의욕을 잃고 삐딱해질 수밖에 없다. 그럼 또 젊은 사람이 태도가 그 따위냐고 뭐란다. 우울증이 안 오면 이상한 상황이다. 그런데 일단 우울증에 빠지면 될 일도 안 된다. 일이 안 되면 점점 더 우울해지고….

자! 이 악순환에서 벗어나려면 어디서부터 시작할까? 모든 문제의 해결 순서대로, 우선 인식부터 바꿔야 한다. 명심해 두자. 이 시대의 진짜 함정은 꿈을 이루기 힘든 구조에 있다기보다는 원래 이루기 힘든 꿈을 쉽게 이룰 수 있는 것처럼, 그리고 모두가 비슷한 꿈을 꿔야 하는 것처럼 속이는 데 있다. 꿈꾸면 누구나 무엇이든 이룰 수 있다는 말은, 단언컨대 헛소리다. 심지어 희망고문으로 우리를 마취시키고 그 틈에 주머니를 털어가려는 수작일 수도 있다! 절대로 누구나 원하는 것을 모두 가질 수는 없다. 그건 우주의 법칙에 어긋나는 일이다.

'내가 무언가를 간절히 원하면 온 우주가 그것을 얻도록 도와준다'는 말이 있다. 사실일까? 정답은 '도와줄 수도 있고, 안 도와줄 수도 있다'. 우주의 힘이란 게 존재하는 건 사실이다. 내가 무언가를 얻었다면 그건 우주가 도운 덕이다. 하지만 돕고 말고는 순전히 우주 마음이고, 우주 마음이 늘 내 마음과 같을 수는 없다. 그렇다면 내 마음이 우주 마음에 닿도록 하는 길은 없는 걸까? 기도를 한다거나 굿을 한다거나 하는 종교적인 방법은 전문가에게 문의하는 걸로 하고, 다만 확실한 것은 우주 마음이 어떻건 간에 꿈을 이루려면 내 마음 역시 꼭 필요하다는 사실이다. '하늘은 스스로 돕는 자를 돕는다'란 말이 있는데, 보다 정확한 서술은 '하늘은 스스로 안 돕는 자는 안 돕는다'라 할 수 있다.

우주 마음과 내 마음에 관한 가장 정확한 서술은 내 생각에는 '운칠기삼運七技三'이다. 일이 되는 데는 하늘의 운과 사람의 재주가 차지하는 비율이 7:3 정도 된다는 얘기다. 앞서 본 행복의 조건 통계에서도 타고난 조건과 개인의 노력의 비율이 6:4였으니 크게 다르지 않은 얘기인 셈이다. 실제로 특별한 성취를 이룬 사람들의 일생을 잘 살펴보면 성취의 과정에서 개인의 능력이나 노력보다 역사와 공동체, 문화적 유산, 시대적 기회가 결정적인 역할을 했다는 사실을 〈아웃라이어〉말콤 글래드웰 지음, 노정태 옮김 / 김영사 / 2009라는 책이 명쾌하게 입증해 놓은 바 있다.

꿈을 이루는 데 있어 개인의 역할은 충분조건이 아니라 필요조건이기에 더 중요하다. 하늘이 도와준다 해도 내가 준비되어 있지 않으면 일이 될 수가 없는 것이다. 운 7을 만났을 때 완성될 수 있도록 기 3을 채워 놓는 것이 꿈을 위해 개인이 할 수 있는 최선이며, 의무이다. 결국 내가 잘해야 되지만, 내가 잘해도 안 될 수도 있다. 이 사실을 바로 인정하는 일은 우리에게 허무감이 아니라 자유로움을 준다.

"안 되면 말고!" 이것이 우리가 세상의 희망고문에 대처할 수 있는 가장 좋은 태도이다. "안 되면 말고!"를 널리 주창한 사람이 팟캐스트 〈나는 꼼수다〉로 유명해진 김어준 씨인데, 개인적으로 그의 모든 견해에 동의하는 바는 아니지만, 그의 저서인 〈닥치고 정치〉김어준 지음 / 푸른숲 / 2011에서 "안 되면 말고!"의 철학에 대해 읽었을 때 내 인생의 깨달음과 정확히 일치해서 놀랍고 반가웠다.

언뜻 생각하기에 "안 되면 말고!"와 같은 태도로는 큰일을 해내기 어려울 것 같다. "안 되면 안 돼! 무조건 되게 해야지!" 하고 이를 악물어야 성공할 수 있을 것 같다. 하지만 그런 태도는 일이 결국 안 되었을 때 분명히 안 될 수도 있다! 정신적 회복력을 떨어뜨리고, 눈앞의 일밖에 볼 수 없게 하고, 실패에 대한 두려움으로 오히려 온 힘을 쏟지 못하게 만든다. 희망고문으로 인한 악순환에 빠지기 딱 좋다는 말이다. "안 되면 말고!" 해야 용감하게 새로운 시도를 해볼 수 있고, 모든 걸 걸어볼 수도 있고, 실패해도 금방 털고 다시 일어설 수 있고, 눈앞의 목표를 이루지 못했다고 행복에서 영영 멀어지는 일도 피할 수 있다. 그래야 실제로 무엇인가를 성취할 가능성도 높아진다는 것 역시 두말하면 잔소리다.

요령을 부리는 요령
4가지

잘 나가는 사람들이 쓴 자기계발서는 보통 자신의 성공 비결을 늘어놓는 경우가 많은데, 그래봐야 '기 3'에 대한 이야기이므로 참고 정도는 해도 좋겠지만, 내 처지와 비교할 필요는 전혀 없다. 누누이 말하지만 사람마다 타고난 성향과 강점은 다 다른 법이다. 독해서 성공한 이가 있다면 유연해서 성공한 이가 있고, 기발하고 순발력 있는 성격으로 성공한 이가 있고 신중하고 꾸준한 성격으로 성공한 이가 있다. 성공 비결로 골프를 끊은 결정을 꼽은 이가 있는가 하면 골프로 체력 관리하고 인맥 관리한 게 성공 비결인 이도 있다. 하지만 이런 다양한 경우의 수에도 불구하고 일반적인 삶의 목표를 위해 두루 적용할 수 있는 비결이 분명 몇 가지 있기는 하다. 크게 보면 결국 '마음을 돌보는 비결'이기도 한 이 사항들을 마지막으로 짚어보겠다.

첫째로 앞 장 '내 꿈 사용 설명서'에서 얘기했듯 목표가 있다면 자신이 진정으로 원하는 게 맞는지, 혹 다른 욕망에서 도피하기 위한 선택은 아닌지, 그 목표를 위한 대가를 치를 의사가 내게 충분히 있는지부터 잘 생각해 봐야 한다.

둘째, 구체적인 목표 달성을 위해서는 요령을 안 부리는 게 가장 좋은 요령이라는 사실을 잊지 말자. 시험 점수를 잘 받고 싶으면 공부를 열심히 해야 하고 글을 잘 쓰고 싶으면 글을 많이 써야 하고 인맥을 넓히고 싶으면 사람을 많이 만나야 하고 살을 빼고 싶으면 밥을 덜 먹어야 한다. 당연한 원칙에 얼마나 집중하는가에서 성패가 갈리는 법이다. 물론 같은 시간과 노력을 들였을 때 성과를 더 볼 수 있는 '요령'이라는 게 있고, 필요하기도 하다. 그러나 이런 요령들은 지침이기보단 기술에 가깝기 때문에 실행하는 과정에서 몸에 익히지 않으면 소용 없는 경우가 대부분이다. 어려운 수학 문제를 풀 때 해답지를 읽으면 다 아는 것 같지만, 막상 문제만 보고 풀려면 또 안 풀리는 것과 마찬가지다. 답답해도 어떻게든 내 힘으로 문제를 풀어 보려고 이리저리 시도해 보고 나서 해답지를 찾아봐야 실력이 는다. 대부분 충분한 시도와 노력의 과정을 거치면 요령도 자연스럽게 발견하면서 몸에 익히게 된다. 노력이 받쳐주지 않는 요령은 소용도 없지만, 노력을 덜 해도 될 것 같은 착각을 하게 만들기 때문에 득보다 실이 더 많다. 어떤 목표를 향해 정진하면서 스스로를 돌아보게 될 때 "내가 좀 너무 미련한가? 무모한가?"란 마음이 들기 전까지는 요령에 대해선 생각하지 않도록 하자.

셋째, 뭐든 한 우물만 파는 게 좋다. 어떤 분야에서든 일정한 성과를 내기까지 절대적으로 필요한 시간과 노력의 양이 있기 때문이다. '1만 시간의 법칙'을 알고 있는가? 한때 자기계발 분야를 뒤흔들었던 개념으로, 같은 제목의 책도 있고 앞서 언급한 〈아웃라이어〉라는 책에도 소개되어 있다. 각 분야의 대가들이 그 위치에 이르기까지의 과정을 조사해 보니 모두 예외 없이 해당 분야에 투자한 시간이 최소 1만 시간 이상이었다는 결론이다. 뜻밖에 대가들이 초기에 보인 재능은 모두 일정 수준 이상이긴 했으되 특별히 뛰어난 수준은 아닌 경우가 많았으며, 일찌감치 천재적인 재능을 보였다 해도 1만 시간을 채우지 않고 대가가 된 경우는 없었다고 한다. 1만 시간을 채우려면 대강 일주일에 20시간, 즉 매일 하루 3시간씩 10년을 지속해야 한다고 하니 만만하게 볼 수 있는 숫자가 아니다. 우리 모두가 대가까지 될 필요는 없다고 해도 이 법칙에서 얻을 수 있는 교훈이 분명 있다. 한 사람에게 주어진 시간과 에너지는 한정되어 있는 만큼, 어떤 분야에서건 성과를 내기에 충분한 노력을 쏟으려면 한 우물만 파는 게 유리하다는 사실이다.

이 사실을 진로는 조기에 결정할수록 좋다는 쪽으로 해석하면 안 된다. 오히려 조급하게 진로를 결정하는 것은 심각한 부작용을 낳기 쉽다. 1만 시간까지는 아니라도 성과를 내기에 충분한 시간과 노력을 들이려면 그 분야에 흥미나 적성이 없고서는 어렵기 때문이다. 어린 시절엔 최대한 많은 분야를 경험해 보고, 자기 마음 속의 목소리를 잘 듣는 능력을 키우는 것이 우선이다.

그러나 성인이 된 후에는 한 가지 분야에 꾸준히 매진하는 것이 성공하는 데 있어 중요한 비결이다. 재능이 뛰어난 사람이 한 분야에 매진하면 대가가 되고, 별 재능이 없는 사람이라도 한 분야에 매진하면 적어도 안정적으로 생계를 꾸리고 한 사회의 구성원으로서 역할을 다하는 데 문제가 없다. 그러나 재능 있는 사람이라도 한 자리를 꾸준히 지키지 못하면 재능을 발휘하는 것은 고사하고 밥벌이도 제대로 못하기 십상이다. 내 경험상 오히려 재능이 뛰어난 사람들이 이런 함정에 빠지기가 쉽다. "열 재주 가진 놈이 저녁거리가 없다."는 속담처럼 별 재주가 없거나 할 줄 아는 게 하나밖에 없는 사람들은 주어진 일에만 열심을 다하니 제 자리를 쉽게 다지는데 비해, 유독 다재다능하고 요령 좋은 사람들이 자기 재주만 믿고 자꾸 여기저기 기웃거리다가 결국 '개털' 되는 경우가 많다. 물론 너무나 재능이 뛰어난 나머지 기분 내키는 대로 이것저것 손대도 죄다 잘 되고, 싫증나서 하다 만 일까지 작품으로 인정받는 사람도 있기는 하다. 레오나르도 다 빈치가 그런 경우이다. 그런 천재는 몇 백 년에 한 명씩만 나온다는 걸 명심하자.

넷째, 앞날에 대해 계획은 세우되 너무 연연하지 말자. <mark>세상 일 어차피 계획대로 안 된다.</mark> 큰일일수록 더 그렇다. 운칠기삼의 법칙을 잊지 말자. 아무 생각 없이 되는 대로 사는 사람도 문제고, 계획을 세우기만 열심히 세우고 안 지키는 사람도 문제지만, 지나치게 자신이 세운 계획에 집착하는 사람이 행복하게 살기는 제일 어렵다. 특히 세세한 목표들을 달성하는 시기에 지나치게 연연하지 말자. 사람마다 일마다 각자 때가 있다는 말은 대부분의 종교 경전에 공통적으로 나오는 내용이다. 초년출세젊은 나이에 출세하는 일는 인생의 3대 악재라는 말이 있는데, 누구나 살면서 성공도 실패도 다 겪어야 한다면 실패를 먼저, 성공을 나중에 겪는 편이 반대의 경우보다 훨씬 낫다는 논리에 반박할 사람은 별로 없을 것이다.

인생은 어차피 죽을 때까지 끝나지 않는 마라톤이고, 내 꿈을 향해

가는 길에 한 가지 코스만 있는 것은 아니다. 길을 잃은 것 같다면 잠시 자리에 앉아 쉬면서 방향부터 점검해 보자. 큰 방향이 틀리지 않았다면 여유 있게 낯선 길을 헤쳐가도 좋을 것이다. 만약 큰 방향이 틀렸다면 더 늦기 전에 알아차린 게 다행이다. 당장 꼭 내가 생각했던 코스를 찾아가려고 동동거리다 보면 진이 빠져서 목적지까지 못 가게 될 수도 있다. 여기서 내 경험상 "안 되면 말고" 다음으로 효과 있고 유용한 주문이 하나 알려드리려 한다. 바로 "시간은 내 편"이다. 그렇게 생각하면서 살면, 정말로 시간이 내 편이 된다.

지금까지 내 마음을 돌보는 법에 대해 살펴보았다. 1장에서 꿈을 찾아갈 지도를 그렸다면, 이번 장에서는 짐을 챙기고 준비 운동을 마친 셈이다. 본격적으로 여정을 떠나기 전에 ☞실천 지침으로 준비 상황을 철저히 점검해 두자.

내 마음 사용
실천 지침

▼

✔ 우리가 평범한 일상 속에서 행복감을 느끼고 꿈을 향해 노력하며 사는 데 훼방을 놓는 감정적 문제들은 대부분 우울증 계열에 속한다. 따라서 우울증의 원인과 증상, 치료법을 참고하면 많은 감정 문제에 대처하는 데 도움이 된다.

Q 다음 표를 보고 우울증 자가 진단을 해 보자.

우울증 자가진단 : 다음 질문에 해당하면 오른쪽 빈칸에 체크하시오.	
1. 특별한 이유 없이 우울한 기분이 계속된다.	
2. 종일 생각하는 일에서 벗어나기 어렵다. 작은 일에도 결정을 내리기 힘들다.	
3. 전에 즐기던 일들에 대해 흥미를 잃었다. 친하게 지내던 사람들도 만나기 싫다.	
4. 무기력한 기분이 든다. 간단한 일도 처리하기가 힘들다. 할 일이 너무 많이 쌓여 있어 버거운 기분이 든다.	
5. 아무 일에도 집중하기가 어렵다.	
6. 건망증이 심해졌다.	
7. 입맛이 없다. 뭘 먹어도 맛이 없다. 몸무게가 줄기도 한다.	
8. 미래에 희망이 없는 것 같다.	
9. 신경이 아주 예민하고 초조하다. 혹은 만사에 무감각하다.	
10. 수면장애 증상이 있다. 즉 잠들기가 힘들거나, 자주 잠에서 깨거나, 혹은 너무 많이 잔다.	
11. 죄책감이 들고 내 존재가 누군가에게 부담이 된다고 느낀다.	
12. 자존감이 바닥을 친다.	
13. 삶의 의미가 없는 것 같다.	
14. 자해 혹은 자살 충동이 든다.	

※체크 5개 이상: 우울증이 의심되는 상황이다. 우울증은 엄연한 질병으로, 뇌에서 감정을 조절하는 각종 화학 물질의 균형이 심하게 깨져서 복원력을 상실하면 생기는 현상이다. 따라서 생각을 고친다든지 의지를 다잡는 수만으로는 나아지기 어렵다. 반드시 전문가의 처방을 받아 약물 치료를 병행해야 한다. 망설이지 말고 당장 병원이나 심리상담소를 찾아가라!

※체크 1~4개: 병적 우울증으로 발전할 가능성이 있는 상황이다. 우울증의 가장 효과적인 치료법 중 하나인 '인지행동치료'의 원리에 따라 스스로 내 마음을 치유해 보자. 다음 치료법을 하나씩 따라하면서 실천 상황을 체크한다.

✔멘탈셀프힐링법 1. 내 상태 제대로 알기 & 알리기

현재 내 감정의 문제들을 구체적으로 적어 보자. ex) 우울함, 분노, 불안, 증오,… 등	
위의 감정을 일으키는 상황의 문제가 있다면 구체적으로 적어 보자.	
나의 감정이 전적으로 이 상황의 결과인가? 아니면 원인이기도 한가? 내 감정 문제가 해결될 경우 이 상황이 개선될 가능성이 있는가? 있다면 몇 퍼센트 정도 개선이 가능하다고 생각되는가? 답을 적어 보자.	
나의 감정 문제를 솔직히 털어놓고 양해 혹은 도움을 구할 만한 주변 사람은 누가 있는가? 리스트를 만들고 우선순위를 매겨 보자.	
당장 그 사람들을 만날 기회를 만들어 보자. 많을수록 좋다. 약속 상황을 오른쪽에 적어 보자.	

✔ 멘탈셀프힐링법 2. 내 몸(호르몬) 돌보기

호르몬을 조절하기 위한 실천 사항	이행 상황
햇빛을 충분히 쬐도록 한다. 일부러라도 시간을 내어 밖에 나가 일광욕을 한다. 하루 15분 이상.	
적당한 운동을 한다. 하루 30분 이상. 강도는 가벼운 것도 좋다. 햇빛을 쬐면서 산책하면 일석이조.	
건강하면서도 즐거운 식생활을 한다. 이 책의 173~174페이지를 참조하여 건강한 먹거리들 가운데 내가 좋아하는 것들 위주로 식단을 짜 보자. 규칙적으로 먹는 것도 중요하다.	

✔ 멘탈셀프힐링법 3. 내 감정과 상황 관리하기

	실천 가이드	계획 세우기
고독감 관리	가까운 사람들과 문제가 있는가? 새로운 사람들을 만날 기회를 만들어 보자. 공적인 관계에서 문제가 있는가? 가까운 사람들과 지내는 시간을 늘려 보자. 양쪽 다 문제가 있다면? 문제가 더 심각하다고 여겨지는 쪽부터 우선순위를 두고 해결한다.	
무력감 관리	내 힘으로 해결하기 버거운 일 때문에 우울한가? 일단 제쳐두자. 대부분의 경우 그래도 큰일 나지 않는다. 별로 쓸모없는 일이라도 내가 좋아하는 일이나 잘하는 일은 무엇이 있는가? 당장 그것부터 해 보자.	

✔멘탈셀프힐링법 4. 영성 갖기

심한 정신적 문제에서 벗어나는 데는 어떤 식으로든 종교성을 띤 근본적 믿음, 즉 영성이 거의 필수적이라는 사실이 여러 연구에서 밝혀졌다. 또한 종교는 행복에 필수적인 조건인 '삶의 의미'를 찾아가는 길에 대한 인류의 지혜를 종합한 체계이기도 하다.

Q1 종교가 있는가? 그렇다면 바로 지금이 당신의 신이 당신을 강력히 부르시는 상황임을 확신하라.

Q2 종교가 없다면? 그간 주변에서 조금이라도 관심이나 호감이 갔던 종교가 있는가? 그 종교를 가진 지인, 혹은 방송이나 서적 등을 찾아보자.
(다만 사람들의 약하고 힘든 마음을 이용해 먹으려는 사기꾼들이 종교를 수단으로 삼는 경우가 많으니, 처음에는 일단 검증된 제도종교에서 시작하는 편이 좋다.)

✔멘탈셀프힐링법 5. "안 되면 말고!" 주문 외우기

현대 사회에 우울증이 만연하게 된 것은 개인이 꿈을 이루기 힘든 구조 탓이라기보다는 원래 이루기 힘든 꿈을 쉽게 이룰 수 있는 것처럼, 그리고 모두가 비슷한 꿈을 꿔야 하는 것처럼 속이는, 이른바 '희망 고문'식 풍조 탓이다. 성취에 있어 개인의 역할이 충분조건이 아니라 필요조건이라는 사실을 인정하는 일은 우리에게 진정한 자유와 용기를 준다.

Q1 지금 간절히 이루고 싶은 꿈이 있는가? 구체적으로 적어 보자.

_____

_____

_____

_____

Q2 이 꿈을 이루는 데 당신의 능력과 노력 외에 필요한 외부 조건, 상황으로는 무엇이 있는가? 생각나는 대로 적어 보자.

_____

_____

_____

_____

Q3 당신이 최선을 다한다 해도 꿈이 이루어지지 않을 수도 있다는 사실이 이해되는가? Q1에 적은 꿈의 내용 뒤에 "안 되면 말고!"라고 쓰자. 그리고 큰 소리로 처음부터 읽어보자. "안 되면 말고!

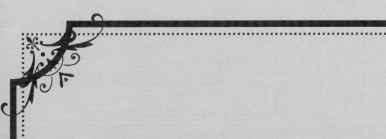

PART.4

내 의지 사용 설명서

[네번째 새로고침]

마시멜로 이야기?
의지력에 대한
오해와 진실

자기계발서에 관심 없는 사람이라도 제목 한 번쯤은 들어봤을 법한 〈마시멜로 이야기〉호아킴 데 포사다&엘렌 싱어 지음, 공경희 옮김 / 21세기 북스 / 2012라는 책이 있다. 내용과 문체, 디자인을 마시멜로처럼 말랑말랑 달달하니 읽기 좋게 만든 것이 베스트셀러가 된 비결인 듯한데, 사실 제목의 '마시멜로'는 책 내용에서 인용된 마시멜로를 소재로 한 실험에서 따온 것이다. 이전에도 많은 기사와 책에 인용되어 온 그 유명한 실험의 내용은 다음과 같다. 미국의 한 대학에서 미취학 어린이 몇 백 명을 모집해 실험을 했다. 아이에게 맛있는 마시멜로 과자를 하나 준 뒤 혼자 방에 두고 15분 동안 그 과자를 먹지 않고 참으면 과자를 하나 더 준다고 약속했다. 그리고 몇 십 년 후 그 어린이들이 성인이 되어 어떻게 살아가고 있는지를 조사해 봤더니, 그때 15분을 참고 과자 하나를 더 받은 아이들이 참지 못하고 먹어버린 아이들보다 대부분 학업 성적이나 직장에서의 성취도가 더 높고 대인관계도 원만하며, 한 마디로 '더 성공적인' 삶을 살고 있더란다. 이 실험 결과와 책이 말하는 바는 사람이 미래의 보상을 위해 당장의 만족을 미룰 수 있는 능력, 즉 '의지력' 혹은 '인내심'이 성공적인 인생의 결정적인 조건이라는 것이다. 지극히 상식적이고 맞는 말이다.

그러나 이 실험의 정말 중요한 의미는 〈마시멜로 이야기〉란 책은 물론이고 대부분이 지적하지 않는 다른 측면에 있다고 봐야 한다. 그것은 의지력 자체도 타고나길 다르게 타고난다는 사실이다. 초등학교도 들어가지 않은 나이니 아직 타고난 본성 거의 그대로 살아가는 아이들일 텐데, 벌써 인내하는 능력에 차이가 있고 결국 그 차이가 삶의 많은 부분을 결정한다는 결론 앞에 자기계발의 의지가 불타올라야 정상일까? 현실을 똑바로 직시한다면, 행복을 결정하는 요소의 50%가 유전이라는 통계를 봤을 때처럼 허탈하고 억울한 기분이 들어야 마땅하다. 정말 실용적이고 생산적인 논의를 하려면 여기서부터 출발해야 한다.

마시멜로 이야기에서 말하는 의지력은 앞서 말한 인간 성격을 측정하는 5가지 기준인 외향성, 신경성, 성실성, 친화성, 개방성 가운데 '성실성'에 속한다. 그런데 성격의 모든 측면이 다 그렇듯 '성실성' 항목도 무조건 점수가 높다고 좋은 것만은 아니다. 모든 상황에서 무조건 성실한 성향이 유리하다고 하면 그렇지 못한 유전자가 살아남은 사실이 설명되지 않는다. 쉽게 생각해도 인내심도 어느 정도이지, 지나치면 미련한 게 되지 않는가. 성실한 성향의 반대편에는 충동적인 성향이 있다. 15분을 못 참고 마시멜로 과자를 홀랑 먹어버린 아이들의 성격 말이다. 충동적인 성격은 변동이 심하고 불안정한 상황일수록 이득을 볼 확률이 많다. 15분을 참으면 과자를 하나 더 준다고 약속했지만, 만약 거짓말이었거나 갑자기 문제가 생겨 약속이 이행되지 못한다면? 심지어 15분 후에 갖고 있던 과자마저 누가 빼앗아간다면? 이런 경우에는 과자를 일찍 먹어버려 이미 재미도 봤고, 누가 빼앗아갈 수도 없게 한 참을성 없는 아이들 쪽이 더 현명한 선택을 한 결과가 된다.

이와 같이 타고난 의지력도 어느 정도 후천적인 영향을 받는 만큼, 의도적 노력으로 단련할 수 있는 여지도 분명 있다. 실은 의지력은 성격의 다른 면들에 비해 변화시킬 수 있는 여지가 큰 편이다. 의지력의 작동 원리는 몸의 근육계와 비슷하다. 근육량이나 구조도 유전의 영향을 많이 받는다. 타고난 힘부터 사람마다 차이가 있고, 똑같이 운동해도 근육이 더 쉽게 발달하는 사람이 있으며, 선천적으로 상체가 더 발달한 사람이 있고 하체가 더 발달한 사람도 있는 것처럼 말이다. 하지만 근육은 다른 기관들에 비해 겉으로 드러나 있으며, 움직이는 원리나 단련하는 방식이 비교적 단순하기 때문에 우리가 노력으로 계발할 여지가 많다. 의지력 단련이 자기계발에 있어서 아주 중요한 부분이고, 자기계발서 가운데 의지력에 관한 내용이 압도적으로 많은 것도 그래서이다.

문제는 오늘날 풍조가 모든 것이 의지의 문제인 것처럼, 의지 단련이 자기계발의 전부인 것처럼, 그러니까 그저 '열심히'만 살면 다 되는 것처럼 몰아간다는 데 있다. 마음 속 목소리에 귀를 기울여 각자에게 맞는 길을 찾고, 그 여정을 풍요롭게 만들고 에너지를 채워 줄 감정을 돌보는 일은 등한시한 채 모두가 비슷한 길만을 따라가려 한다. 그러다 보니 당연히 경쟁이 과열되고, 결국은 "누가 더 독한가"의 지점, 즉 '의지의 차이'에서 모든 게 판가름 나게 되는 것이다.

물론 기본적인 의지력은 그 어떤 목표를 달성하는 데도 꼭 필요하다. 그러나 사람이 지나치게 의지력 문제에만 집중하다 보면 차가운 머리비판적 사고도 따뜻한 가슴타인에 대한 공감, 공동체에 대한 배려도 없이 근육만 잔뜩 발달한 괴물이 되어 버리기 십상이다. 현대 사회, 특히 우리 사회는 이런 괴물들이 부와 권력을 차지하기 유리한 구조인 것이 사실이다. 만약 스스로 이런 괴물이 되는 것이 목표라면 이 책은 그만 덮어도 좋다. 이 책은 보다 많은 사람들이 균형 잡힌 인격으로 서로 조화를 이루며 함께 행복이라는 삶의 목표를 달성하는 데 도움을 주기 위한 것이다.

그러기 위해서는 의지력과 다른 힘과의 균형도 중요하지만, 의지력 안에서도 균형 잡힌 발달이 필요하다. 의지력의 구조 역시 근육계와 비슷해서 전체적인 체계로 기능함과 동시에 부분적으로 담당하는 기능도 있다. 그래서 사람마다 취약한 분야가 다르기 때문에 의지력을 단순히 하나의 기준으로 평가해서는 안 된다. 예를 들어 배고픈 건 잘 참는데 잠 오는 건 못 참는 사람이 있는가 하면, 어떤 사람은 힘든 일은 끈질기게 잘 해내는데 대인관계에 있어서는 통 참을성이 없기도 하다. 짧고 강한 고통을 견디는 능력과 길게 버티는 지구력도 좀 다른 종류의 힘이다.

내 지인 가운데 의지가 강하기로 소문난 친구가 한 명 있다. 성품도 반듯하고 의욕도 강해 어린 나이에도 많은 걸 이뤄낸 멋진 친구이다. 그런데 이 친구는 유독 늦잠을 자서 아침 시간 약속을 못 지키거나 중요한 일정 중에 조는 경우가 많다. 보통 늦잠을 많이 자는 사람이 일에서 성공하긴 어렵다고들 하는데, 그는 예외인 걸로 봐서 그런 버릇을 덮고 남을 정도로 열심이고 성실한 모양이다. 그것도 사실인데, 내가 이 친구를 가만히 관찰해 보니 늦잠을 자는 이유가 있었다. 그는 할 일이 남아 있으면 아무리 피곤해도 무리해서 밤늦게까지 하는 버릇이 있다. 잠이 오는 걸 참고 일한다는 건 웬만한 의지로는 힘든 일이므로 그는 분명 그 면으로는 의지가 강하다고 볼 수 있다. 그러나 사람에겐 체력의 한계가 있어서 잠이 모자라면 다음날 활동에 지장을 받을 수밖에 없다. 그러니 다음날 일정을 위해서는 자기 체력을 고려해서 꼭 당장 해야 할 일이 아니라면 미루고 수면 시간을 확보하는 결정도 필요하다. 그런데 그 친구는 거듭 실수를 하면서도 좀처럼 그 버릇을 고치지 못했다.

그의 문제점은 앞서 지적한 '의지에 대한 오해' 2가지에 정확히 부합한다. 첫째, 그는 의지만으로는 해결할 수 없는 부분체력의 한계이 있음을 인정하고 올바르게 문제를 풀어갈 수 있는 길할 일의 우선순위를 정해 적당한 수면시간을 확보을 보지 못했다. 한 마디로 생각이 짧은 것이다. 둘째, 그는 잠이 오는 걸 참는 의지력은 남들보다 강하지만, 하던 일을 중단하고 잠자리에 들 의지력은 부족했다. 우리는 흔히 어려운 상황을 견디고 열정을 지속하는 것만 의지라고 생각하기 쉽다. 그러나 열정을 조절하는 것 또한 의지의 중요한 기능이다. 전자를 지구력과 큰 힘을 담당하는 대근육이라 하면, 후자는 섬세한 운동 능력을 담당하는 잔근육이라 할 수 있다. 대근육 뿐 아니라 잔근육도 균형 있게 고루 발달한 몸이 보기 좋은 것은 물론 실생활에서 훨씬 강한 힘을 발휘한다는 건 두말할 필요가 없을 것이다.

사실 내가 보기에 그 친구는 일중독에 가까운 상태이다. 의지의 대근육이 발달했어도 잔근육이 발달하지 못한 사람들이 이런 중독에 빠지는 경우가 많다. 경쟁이 치열한 현대 사회에서 일로 성공하기 위해서는 어느 정도의 일중독이 도움이 되고, 경우에 따라서는 필요하다고까지 할 수도 있다. 어쨌든 알코올중독이나 도박중독보다는 일중독이 낫다고 여겨질 것이다. 그러나 길게 보아 어디든 중독되는 일은 건강하고 행복한 삶을 꾸려가는 데 좋지 못한 영향을 준다. 중독이란 이미 그 때문에 본인이나 주변 사람들이 문제 상황이라 느끼고 있으며, 그만두거나 조절해야겠다는 본인의 의사가 있음에도 불구하고 그러지 못하고 있는 상태를 말한다.

일반적으로 감정이 고장 난 상태가 '우울증'이듯 의지력이 고장 난 상태가 '중독'이다. 감정 조절 비법을 우울증 치료법에서 배운 것과 같은 맥락으로, 의지를 조절하고 단련할 수 있는 힌트를 정신의학의 중독 치료법에서 얻을 수 있을 것이다.

중독과 습관은 한 끗 차이, 습관의 고리를 끊어라

중독은 단순하게 말하자면 '병적인 나쁜 습관'이라 할 수 있다. 우울증이 그렇듯 중독은 이미 뇌에서 호르몬과 화학물질의 균형이 완전히 깨져 조절 기능이 망가져 버린 상태이기 때문에 의지만으로는 이겨낼 가능성이 낮고, 되도록 빨리 전문가의 도움을 받아 약물치료를 병행하는 편이 좋다. 그러나 병원이나 전문기관에서 중독치료를 할 때도 인지행동요법이 중심이 된다. 중독의 원인을 바로 알고 효과적인 방법으로 행동을 교정하는 것이 치료에 큰 도움이 되는 것이다.

우선 중독의 전 단계인 습관의 원리부터 알아보자. 습관이란 아무 생각이나 느낌 없이 자동적으로 반복하는 행동 패턴이다. 습관이 생기는 이유는 뇌에서 에너지를 절약하기 위해서이다. 주의력, 감정, 의지력과 같은 정신력도 근력과 똑같이 에너지를 소모하는 일이므로 보다 중요한 일에 정신력을 집중하려면 에너지를 효율적으로 배분해야 한다. 그러려면 일상적인 일이나 반복되는 일은 매 단계에 일일이 신경 쓸 필요 없이 전체를 하나의 자동 프로그램처럼 돌리는 편이 효율적이다. 어떤 행동이 반복되어 습관이 되면 뇌의 기저핵이라는 깊은 곳에 저장되는데, 기저핵은 우리의 본능적 행동들을 관장하는 곳이다. 이래서 습관은 본능과 마찬가지로 저절로 작동한다. 그 덕분에 우리는 익숙해지고 나면 운전을 하면서 아무렇지 않게 옆에 앉은 사람과 수다를 떨 수도 있고, 필름이 끊길 정도로 술에 취해서도 거짓말처럼 집에 찾아올 수 있는 것이다.

따라서 게으른 사람들일수록 습관에 의존해 살기 쉽다. 습관적으로 사는 사람들이 겉보기엔 성실한 듯 보일 수도 있지만, 새로운 것에 관심을 갖거나 늘 보던 것을 다른 식으로 생각하거나 타인들과 마음을 열고 소통하는 일 등은 계속 해오던 일들을 열심히 하는 것보다 훨씬 더 정신적 에너지를 소모하는 일이다. 자신이 당연하게 영위해 오는 일상의 행동들이 나의 삶을 어떤 방향으로 인도하고 있는지, 타인들에게 어떤 영향을 끼치는지, 나의 진정한 꿈과 공동체를 위해 더 나은 방식은 없는지, 끊임없이 고민하면서 살지 않으면 생존 본능에만 의존해 매일을 똑같이 살아가는 짐승과 다를 바 없는 삶을 살게 된다.

습관이 무서운 점은 한 번 생기면 여간해서는 고치기가 어렵다는 점이다. 무의식적인 작용이므로 그 과정에 의식을 개입시킨다는 게 쉬운 일이 아니다. 무엇보다 뇌 깊은 곳에 한 번 입력된 프로그램을 말끔히 지우는 일은 거의 불가능하다고 한다. 이런 특성 덕분에 오랫동안 운전대를 놓고 있던 사람도 필요하면 금방 다시 운전을 잘할 수 있게 되고, 어릴 때 배웠던 외국어를 나이 먹어서도 웬만큼 할 수 있는 것이다. 하지만 같은 원리로 온갖 노력을 다해 오랫동안 누르고 있던 나쁜 습관이 잠시 방심한 해 불쑥 다시 튀어나와서 우리를 좌절에 빠뜨리곤 하는 일이 흔하다. '세 살 버릇 여든까지 간다', '한 번 중독자는 영원한 중독자'라는 말이 있는 것이 이 때문이다. 그러니 나쁜 습관은 아예 처음부터 들이지 않는 편이 가장 좋다. '담배? 좀 피워보다 적당히 끊지 뭐' 따위는 어리석은 생각이다. 한 번 맛들인 담배는 죽을 때까지 우리의 의지력을 시험할 것이다. 강철의 의지로 금연에 성공한다 해도, 흡연자였던 이가 다시 담배를 입에 댈 확률은 담배를 안 피워본 사람이 흡연자가 될 확률과 비교할 수 없이 높다.

그렇다면 습관을 고치기 위해서는 어떻게 해야 할까? 크게 두 가지 방법이 있다. 첫째는 해당 습관에 집착하는 원인을 해결하는 것이다. 둘째는 습관을 '바꾸는' 것이다. 습관을 아예 없애기는 어렵지만 바꾸는 일은 비교적 쉽다. 두 가지 방법 모두 습관이 생기는 원리를 이용한 것이다.

첫째로, 중독이나 나쁜 습관에 빠지게 되는 데는 다른 정신적 문제가 원인인 경우가 많다. 알코올이나 게임 등은 그 자체로 즐거움을 주고 중독성이 있지만, 건강한 사람들은 술이나 게임을 아주 좋아하긴 해도 뇌에 장애가 올 정도로 심각한 중독에 빠지지는 않는 게 보통이다. 그러나 사람이 정신적으로 심한 스트레스를 받거나 공황상태에 빠지면 술이나 게임 등 손쉽게 만족을 주는 수단에 의존하게 되고, 그러다 보면 어느새 중독이 되어 마음을 다잡아도 벗어나기가 어려워진다. 결국 중독 증세가 문제 상황을 더 악화시키는 악순환에 빠져들게 된다. 실직해서 어려운 맘에 알코올중독에 빠졌는데, 알코올중독 때문에 재취업이 더 어렵게 되는 식이다. 중독자들은 대부분 우울증이나 다른 정신질환을 갖고 있고 그 때문에 중독 치료가 더 어려운 경우가 많다. 손톱 물어뜯기나 눈 깜박이기, 폭식 등의 버릇도 대개 정서불안이나 외로움의 발현이다. 따라서 나쁜 습관의 원인이 되는 문제를 찾아 해결하면 증상도 자연스럽게 완화될 수 있다.

물론 문제 상황은 나쁜 습관의 결과이기도 하니 이를 해결한다는 게 말처럼 쉬운 일은 아니고, 이미 중독이 되어버린 후에는 그 효과도 한계가 있다. 이럴 때는 문제 행동을 덜 문제가 되는 행동으로 '갈아 끼우는' 작업이 필요하다. 습관에 대한 과학적 설명과 실용적 충고가 잘 정리되어 있는 책 〈습관의 힘〉찰스 두히그 지음, 강주헌 옮김 / 갤리온 / 2012에서는 습관의 작동 원리를 다음 3단계로 설명한다. '신호 → 반복행동 → 보상'. 문제가 되는 것은 '반복 행동' 부분이다.

내 지인들 몇몇이 똑같이 경험했던 사례를 들어 보겠다. 워낙 흔한 일이라 독자 분들도 본인이나 지인들 가운데 한둘쯤은 비슷한 경험이 있을 것이라 생각된다. '신호 : 밤마다 우울하고 외로워서 잠이 안 온다. → 반복 행동 : 술을 마신다. → 보상 : 마음이 편해지고 잠이 온다.' 이 맛에 한 번 빠지면 이후로 밤에 잠이 안 올 때마다 술 생각이 간절해진다. 이 간절한 마음이 '열망'으로써 '신호 → 반복 행동 → 보상'의 고리를 돌리는 동력이 된다.

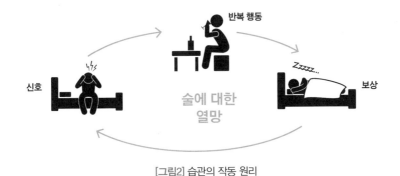

[그림2] 습관의 작동 원리

이 중 '보상' 체계는 반복할수록 둔감해지는 게 특징이다. 따라서 잠들기 위해 먹어야 하는 술의 양이 점점 늘어난다. 결국 처음엔 잠이 안 와서 술을 먹었는데, 나중엔 술을 안 먹으면 잠을 못 자는 식으로 주객이 전도되어 버린다. 이렇게 주객이 전도되면 그때부터가 중독의 단계라 보면 된다.

이렇게 된 경우 낮에는 그래도 참을 만한데 밤만 되면 술을 마시고 싶어 미칠 지경이 된다. 밤이 바로 '신호'이기 때문이다. 이 고리 자체를 없애기는 힘들다. 대신 '반복 행동' 부분을 바꿔준다. 술을 마시는 대신 마음을 풀어주는 데 도움이 되는 다른 행동을 하는 것이다. 물론 술보다는 건강에 나쁘지 않고 중독성이 적은 일로 골라야 의미가 있다. 잠들기 전 가벼운 운동이나 야식을 좀 하거나 ^{야식을 많이 하면 술 못지} ^{않게 건강에 나쁘다} 좋아하는 책이나 드라마를 보거나 하는 것도 괜찮다. 가장 추천할 만한 일은 마음 편한 상대와 잠시 대화나 통화를 하면서 하루를 정리하는 것이다. 물론 매일 저녁 시간을 내 대화를 해줄 사람을 구한다는 건 애인이나 배우자가 없다면 쉽지 않겠지만…. 이 기회에 검사검사 짝을 구해 보는 건 어떨까? ^{짝을 구하는 요령에 관해서는 6장 '내} ^{인간관계 사용 설명서' 편 참조.} 실제로 많은 알코올중독 치료기관에서는 정기적으로 중독자들끼리 모여 대화하도록 하는 프로그램을 중요하게 여기는데, 이 프로그램이 중독 치료에 많은 도움이 된다고 한다. 일상에서 외로움이나 답답함을 느낄 때 습관적으로 하는 '반복 행동'으로서의 '음주'를 '대화'로 바꿔 주는 효과가 있기 때문이다.

같은 원리에서 우리가 배고플 때 음식을 먹는 것은 문제가 되지 않는다. 딱히 배가 고프지도 않은데 무료하거나 우울함을 달래기 위해 습관적으로 간식을 먹는 행위가 칼로리 과다 섭취의 원인이 된다. 그래서 체중감량이 시급한 사람들에게는 차라리 게임 중독에 살짝 빠지는 게 낫다는 조언도 있다. 적어도 게임에 몰두하는 동안은 먹을 겨를이 없어지기 때문이다.

그리고 우울증과 마찬가지로 중독에서 벗어나는 데도 영성적 '믿음'이 중요한 역할을 한다는 연구 결과가 있다. 자신의 노력이 반드시 좋은 결과를 가져올 것이라 굳게 믿을 때 비로소 악순환의 흐름을 끊을 수 있는 힘이 생긴다.

습관으로
인격과 운명을
바꾼다

습관이 중요한 또 하나의 이유는 비록 습관을 바꾸기는 쉬운 일이 아니지만, 그나마 우리가 가진 것들 중 확실히 스스로 바꿀 수 있는 건 습관밖에 없기 때문이다. "생각을 바꾸면 행동이 바뀌고, 행동을 바꾸면 습관이 바뀌고, 습관을 바꾸면 인격이 바뀌고, 인격을 바꾸면 운명이 바뀐다."라는 유명한 말이 있다. 처음부터 끝까지 맞는 말이지만, 특히 우리가 방점을 찍어야 할 구절이 바로 '습관' 부분이다. 생각이나 행동을 바꾸는 일도 물론 중요하고 쉽지 않은 일이다. 그러나 생각과 행동은 한두 번 고쳐 봤자 근본적으로 달라지는 게 없고 다시 원래대로 돌아가기 쉽다는 게 문제이다. 앞서 확인했듯 우리의 기질, 성격, 재능, 체질 등은 모두 타고나는 면이 크기 때문이다.

본래 급한 성미를 타고난 사람이 어느 날 "이제부터 느긋하게 생각하고 행동하자."라고 결심했다고 하자. 한두 번은 성공할지 몰라도 얼마 못 가서 스트레스만 받고 자괴감에 빠지기 십상일 것이다. 그렇다면 이 사람이 보다 구체적으로 "정지선에서 신호 받고 출발할 때 1초만 쉬고 악셀을 밟자." 혹은 "말이 느린 친구와 이야기할 때 상대가 먼저 쉬기 전에는 말을 끊지 말자."라고 구체적인 목표를 정해 그것만 꼭 지키려고 노력한다면 어떨까? 막연하게 "느긋해지자."라고 결심하는 것보다 훨씬 실천하기 쉽고, 가끔은 실패하기도 하겠지만 꾸준히 노력하여 습관으로 만들면 이후로 그 상황에서는 특별히 노력할 필요가 없어질 것이다.

이런 식으로 차근차근 좋은 습관을 만들고 나쁜 습관을 줄이다 보면 마침내 '인격이 바뀌는' 결과를 낳게 된다. 성격은 좀처럼 바뀌지 않지만, 인격은 얼마든지 좋아지고 나빠질 수 있다. 태어나면서부터 인격이 훌륭한 사람은 없다. 타고난 성격의 틀 안에서 장점을 최대한 살리고 단점은 보완하여, 성격이 다른 타인들과 원만하게 어울리고 서로 도움을 주고받으며 살 수 있는 요령을 익히는 것이 다름 아닌 인격의 성장이다.

위에서 예로 든 사람이 아무리 습관을 바꾼다고 해도 성격이 아주 바뀔 수는 없다. 타고나기를 느긋하게 타고난 사람에 비하면 여전히 급한 축에 속할 것이고, 특히나 돌발 상황에 처하게 되면 본래 성격대로 대처하기 쉬울 것이다. 그러나 습관을 고치려 노력하기 전에 비하면 분명 삶의 만족도가 훨씬 높아질 것이다. 첫째, 성급한 행동에서 오는 실수가 줄고, 둘째, 스스로 성격을 컨트롤할 수 있다는 경험으로 인해 자신감이 높아지며, 셋째, 급한 성격을 컨트롤하면 좋은 결과가 온다는 긍정적 피드백으로 인해 성격이 다소라도 느긋해지는 덕분이다. 이 같은 효과가 바로 '인지행동요법'의 요체라 할 수 있다. 생각을 바꾸고 행동을 고쳐 그 행동을 몸에 배게 하면, 즉 좋은 습관을 만들면 그로 인해 심리적 문제까지 해결되는 효과를 보게 되는 것이다. 이처럼 내 의지로 실행 가능한 구체적인 목표들을 세워 차근차근 좋은 습관을 만들어가는 일이야말로 내 인격을 성장시키고, 운명까지 바꾸는 거의 유일한 길이라 할 수 있다.

다시 말하지만 '의지-행동-습관'은 개인적인 노력이 가장 효과를 볼 수 있는 부분이다. 생각이나 감정은 의지가 있다 해도 좀처럼 바꾸기가 어렵다. 나쁘게 생각하지 않으려 해도, 외롭다고 느끼지 않으려 해도, 어쩌겠는가? 자꾸 나쁜 생각이 드는 걸! 마음이 외로운 걸! 그러나 나쁜 생각이 들 때마다 산책으로 기분 전환을 하거나, 외로울 때 헤어진 애인에게 전화하지 말자는 목표는 우리의 의지로 충분히 달성 가능하다. 그리고 작은 목표 달성에 성공할 때마다 자신감을 얻어 또 다른 목표에 도전할 의욕이 생기고, 이런 과정을 반복함에 따라 의지력이라는 마음의 근육이 조금씩 커져 가게 되는 것이다. 마음의 근육이란 단지 비유의 의미만은 아니다. 실제로 반복 행동으로 어떤 습관이 붙으면 그 부분을 관장하는 뇌의 부위가 커지는 것으로 알려졌다. 이렇게 후천적으로 발달한 '뇌의 근육'은 몸의 근육과 마찬가지로 장기간 쓰지 않으면 도로 퇴화한다고 한다.

마음의 근육을 키우는 비결 : 자발성, 현실적 목표, 균형감각

습관을 바꾸고 의지력을 단련하려 할 때 꼭 알아둬야 할 점들이 몇 개 있다. 첫째, 마음의 근육을 키우는 데는 자발적인 의지가 없으면 절대 안 된다. 의지력이란 남이 시키는 대로 해서는 발휘될 수도, 단련될 수도 없다. 삶에 있어서 주체성, 즉 스스로 결정할 수 있는 여지를 보장받는 일은 행복감을 느끼는 데도 결정적인 조건이지만, 의지력을 발휘하는 데도 결정적인 조건이다. 사람이 어떤 일에 열심을 다하려면 다른 이가 제안을 하거나 설계를 해 줄 수는 있으되 반드시 본인의 주체적인 의사가 있어야만 한다. 직원들이 열심을 다하게 하고 싶으면 업무에 있어 자율성을 충분히 보장해 줘야 한다는 것은 많은 성공한 경영자들을 통해 증명된 사실로, 웬만한 경영 관련 서적엔 다 나오는 내용이다.

같은 원리로 아이가 열심히 공부하게 하고 싶으면 잠시 방황하고 실수하더라도 스스로 공부의 필요성을 느끼고 그 요령을 터득할 때까지 믿고 기다려 줘야 한다. 요즘 학생들이 매사에 의욕도 없고 주체성도 없다는 평가를 듣는 건 어릴 적부터 어른들이 다 짜놓은 프로그램 안에서 스스로 생각하고 의지를 발휘할 여지도 없이 시키는 일만 하며 자랐기 때문이다. 걸음마를 떼기도 전부터 쭉 업어 키운 아이가 몸만 다 컸다고 방방 뛰어다니길 바라는 건 어불성설이다. 많은 가난한 나라의 국민들이 게을러 보이는 이유도 여기 있다. 대개 이런 나라들은 지배층의 독재와 수탈이 심해 국민들이 자유롭게 살지 못하고, 열심히 일해도 그만한 대가를 돌려받지 못한다. 당연히 의욕을 잃고 의지가 약해지게 된다. 그런 구조를 읽지 못하고 국민들이 게을러서 나라가 가난하다고 단정하는 것은 무식한 생각이다.

둘째, 마음의 근육을 키우려면 구체적이고 현실적인 목표를 설정하는 것이 중요하다. 몸의 근육처럼 마음의 근육도 하루아침에 클 수는 없고 오랜 시간 꾸준히 단련해야 한다. 그러려면 힘든 과정 속에서도 의욕을 잃지 않도록 쉽게 성취감과 재미를 느낄 수 있어야 한다. 처음부터 너무 무리하거나 장기적인 목표를 설정하는 것은 좋지 않다. 오히려 자신의 의지력에 믿음이 있는 사람들이 빠지기 쉬운 함정인데, 그보다는 좀 안이하게 느껴질 만큼 쉽고 단기적인 목표를 우선 세우고, 한 걸음씩 꾸준히 올라가는 편이 낫다. "올해 안에 무조건 10kg 감량한다."보다는 "이번 달 내로 1.5kg 감량하고 보자. 힘들면 다음 달은 유지하는 걸로 하자."가 낫고, "이제부터 방을 깨끗이 정리하자."보다는 "일단 벗어놓은 옷만은 반드시 옷걸이에 거는 걸로 하자."가 낫다는 얘기다.

또 한 번 정한 목표의 기준은 달성했든 못했든 바꾸지 않는 것이 좋다. 특히 내 주변에 많은 취업 준비생들에게 해 주고 싶은 조언인

데, 어려운 목표를 갖고 있을수록 반드시 기한을 정해 놓고 도전하는 것이 좋다. "고시 공부는 최대 5년까지만 한다."는 사람이 "고시 합격할 때까지 공부한다."는 사람보다 훨씬 성공 확률이 높다. 내 경험상 후자와 같은 태도로 고시 공부에 도전한 사람들의 말로는 대개 '고시 폐인'이다. 전자의 사람들은 비록 고시에 합격하지 못한다 해도 적어도 '폐인'으로 젊은 시절을 날려 버리는 일은 없다.

그리고 이 법칙은 목표를 조기에 초과 달성한 경우라도 지키는 편이 좋다. 예를 들어 한 달에 1kg씩 체중을 감량하기로 계획을 세웠는데 이번 달에 어쩌다 2kg 감량에 성공했다고 하자. 이때 "내 의지가 이 정도야!"하고 신나서 다음 달에도 2kg 감량 목표로 달리다 보면, 무리해서 삐끗하고 요요현상으로 땅을 치게 될지 모른다. 1kg 감량 후 2kg 감량보다 2kg 감량 후 2kg 감량이 당연히 더 힘든 법이므로 단기 목표량 조절은 신중하게 해야 한다. 특히 주식 투자를 할 때 이런 함정에 많이 빠진다. 처음에 10% 남기고 팔기로 결심했으면 딱 10% 올랐을 때 팔아야 한다. 괜히 더 오를 것 같은 기분에 욕심을 부리다가 갑자기 왕창 빠져서 손해를 보게 되는 경우가 많다. 10% 때 팔고 났는데 20% 까지 올랐다면 속이 쓰리겠지만, 애초의 목표를 달성한 걸로 만족해야 한다. 이는 자신의 원칙을 지키는 습관을 들이는 과정이기도 하다. 원칙을 지키면서 투자하는 사람이 장기적으로는 결국 이익을 내는 법이다. 눈앞의 이익에 좌지우지되어 원칙을 잃어버리면 패가망신에 한 걸음 다가서게 된다.

셋째, 마음의 근육도 몸의 근육과 마찬가지로 한 부분을 키우면 다른 부분까지 연쇄적인 효과를 볼 수 있으며, 한 부분에서 무리하면 다른 부분에도 피로가 온다. 다시 말해 수학 점수를 올리며 단련시킨 의지력을 다이어트 하는데도 써먹을 수 있다는 것이다. 물론 수학 공부하는 데 쓰는 의지력과 식욕을 조절하는 데 쓰는 의지력이 똑같은 종류는 아니며 그렇기에 사람마다 더 힘든 쪽도 다르다. 그러나 복근 운동과 다리 운동이 다르긴 해도 복근 운동을 하면서 다리 근육을 안 쓰는 것도 불가능하며, 어느 한 부위든 근육을 발달시키면 자연스럽게 몸 전체의 순환이 좋아지고 체력이 증진되는 것과 마찬가지 이치이다.

　실제로 어린이들에게 스스로 방을 정리하는 버릇을 들이는 것만으로 학교 성적이 오르는 효과를 볼 수 있다는 보고가 있다. 물론 방 정리를 못해도 성적이 좋은 학생도 얼마든지 있지만. 또 자발적인 노력으로 학업 성적을 올리는 데 성공한 사람들은 건강관리나 재정관리 등 다른 분야의 습관까지 절로 좋아지는 경향이 있었다고 한다. 학업 성적이 좋았던 사람이 별 관계없는 다른 일도 잘 하리라고 믿는 학벌주의에도 어느 정도 근거는 있는 셈이다. 그러나 청소년기는 자발적 의지를 충분히 발휘하기에는 신체적, 상황적으로 한계가 많은 시기이므로 이 시기의 학업 성취도만으로 이후의 삶을 계속 평가받는 것은 다소 부당한 일이다. 요지는 어떤 일이든 내 의지로 좋은 습관을 들이는 경험을 쌓으면 자신감도 생기고, 다른 분야의 도전에서도 성공할 확률이 높아지니 일단 작은 일부터라도 실천하라는 것이다.

　그런데 의지력은 근력과 마찬가지로 전체 에너지에 한계가 있다는 점도 명심하자. 〈습관의 힘〉에 소개된 실험인데, 몇 십 명의 대학생들을 무작위로 두 편으로 나누어 한 편에는 달콤한 과자를 먹게 하고 다른 편은 그걸 보기만 하고 참으라고 한 뒤, 복잡한 문제를 풀라고 주었더니 과자를 먹은 편이 못 먹은 편에 비해 훨씬 참을성 있게 풀더라다. 문제를 푸는 의지와 식욕을 참는 의지는 분명 다른 종류일 텐데도 그랬다. 마시멜로 이야기의 뒤집어보기 버전이라고 봐도 될 듯한데, 요는 의지력이 아무리 강하더라도 한계가 있으므로 중요한 일이 있으면 그전에 다른 일에는 무리하지 않는 게 좋다는 것이다. 쓸데없는 데 미련을 부리면 정작 중요한 데서 실수를 하게 된다. 평생 죽어라 공부하고 잔머리 굴린 끝에 간신히 정상 문턱까지 올라가 놓고는 어처구니없는 말실수 한 마디로 허무하게 옷 벗고 내려오는 정치인들이 좋은 예이다. 사실 거짓말도 꽤나 에너지가 필요한 일이라 너무 많이 하다보면 실수하지 않을 수가 없다. 다시 말하지만, 의지력이 아무리 강해도 분별력과 조절 능력이 부족하다면 눈 가려 놓은 말이나 마찬가지다.

100일의
법칙

여러 연구를 통해 증명된 바에 의하면, 한 가지 습관을 몸에 배게 하는 데는 약 100일의 시간이 필요하다고 한다. 그러니 어떤 습관을 만들거나 고치기로 결심하고 시도한 지 적어도 100일이 지나기 전에는 실망하거나 불평할 이유가 없다.

또 하나 주의점이 있다. 습관이 완성되기 전 중도에 실패하더라도 절대 기죽거나 포기하지 말라는 것이다. 공든 탑이 무너졌다는 생각을 할 필요가 없다. 탑을 공들여 쌓았다면 무너져도 처음처럼 돌무더기만 남지는 않는다. 뭔가 틀이라도 남았을 것이고 그동안 쌓는 요령도 몸에 익었을 것이다. 잠시 쉬고 힘내서 다시 쌓으면 처음보다 훨씬 쉽게 쌓을 수 있다. 그런 과정이 반복되면서 차츰 마음의 근육이 길러지는 것이다. 습관이 한 번 생기면 영영 없어지지는 않는다는 법칙을 기억하고 있는지? 다행히도 그 법칙은 나쁜 습관 뿐 아니라 좋은 습관에도 똑같이 해당된다.

아침형 인간보다
규칙형 인간

이제 각자에게 실제로 도움이 되는 구체적 습관을 설계하는 데 참고할 사항들을 짚어보자. 몇 년 전 거의 사회적 현상까지 일으켰던 자기계발서 〈아침형 인간〉사이쇼 히로시 지음, 최현숙 옮김 / 한스미디어 / 2003은 일찍 자고 일찍 일어나는 생활리듬이 성공하는 인생의 결정적인 변수라는 주장을 각종 의학적 지식을 동원해 증명해 놓았다. 저자는 의사이다. 상당히 근거도 있고 활용도가 높은 책이지만, 모든 사람이 이 책의 지침을 똑같이 실생활에 적용하기엔 무리가 있다. 〈아침형 인간〉의 내용들을 조목조목 뜯어보며 나에게 맞는 생활습관 만들기 요령을 알아보자.

〈아침형 인간〉이 말하는 대로 일찍 자고 일찍 일어나서 나쁠 것은 하나도 없다. 해가 뜨면 일어나고 해가 지면 잠자리에 드는 것이 인체의 자연스러운 리듬이며, 인공조명과 도시 생활이 이 리듬을 깨놓아 각종 신체적, 정신적 건강 문제의 원인이 되었다는 것도 맞는 말이다. 대체로 아침에 사람이 이성적, 논리적이 되고 집중력이 높아지며, 밤에는 감성적이 되고 우울해지는 경향이 있다는 것도 사실이다. 그러나 가장 이상적인 수면 시간이 오후 11시~오전 5시까지 하루 6시간이고, 모든 사람이 이 시간표에 도전하는 것이 좋다는 결론은 좀 수정할 필요가 있다. 업무시간 등 현실적 문제 때문에 실천하기 어려운 경우를 차치하고도 그렇다.

일단 적당한 수면시간과 리듬이란 게 사람에 따라 다르다. 성인의 적정 수면시간은 7~8시간이란 것이 정설이다. 그런데 〈아침형 인간〉의 저자는 새벽시간의 수면은 효율이 떨어지므로 일찍 자고 일찍 일어나면 6시간의 수면으로 충분하다고 한다. 수면 시간대에 따른 효율 차이를 인정한다 해도 어쨌든 적절 수면시간은 사람마다 다르다. 어떤 사람은 하루 5~6시간만 자도 충분한가 하면 적어도 9시간은 자야 하는 사람도 있다. 수면 효율이 중요하긴 하다. 남들보다 적게 자도 괜찮은 사람들은 대개 머리만 땅에 닿으면 잠들고, 잘 땐 누가 업어 가도 모르는 체질인 경우가 많다. 적당한 운동과 규칙적인 생활을 하고, 날이 밝을 때 자는 시간을 줄이면 수면 효율을 높일 수 있다. 하지만 전혀 운동을 안 해도 언제나 눕기만 하면 잘 자는 사람이 있는가 하면, 조금만 생활리듬이 깨지면 바로 수면장애가 오는 사람도 있다. 이건 타고난 체질이므로 적정 수면시간에 절대적인 기준을 둘 수는 없다.

수면 리듬도 사람에 따라 조금씩 차이가 있다. 많은 현대인들이 점점 더 늦게 자고 늦게 일어난다는 통계가 있지만, 주변에 보면 일부러 늦게 자고 늦게 일어나고 싶어도 그러지 못하는 사람들도 많다. 체질적으로 아침형 인간인 것이다. 이런 '타고난' 아침형 인간들은 대개 아침에 눈을 뜨자마자 온 몸의 기관들이 힘차게 돌아가기 시작하면서 배가 고파 와 세수도 하기 전부터 뭐든 입에 쑤셔 넣으려 한다. 반대로 밤에 졸음이 쏟아지기 시작하면 아무리 할 일이 남아 있어도 못 버티고 쓰러져 자기 일쑤다. 그런데 어떤 사람은 매일 규칙적인 수면 시간을 지키고 있음에도 불구하고 눈을 뜬 직후엔 늘 기운이 없고 입맛도 없다. 진한 커피를 들이붓고 한두 시간쯤 지나야 비로소 정신이 들고 배도 고프기 시작한다. 말하자면 '부팅'되는 속도가 남들보다 느린 것이다. 대신 이런 사람들은 오후나 저녁에 졸음을 참는 능력이 뛰어난 경우가 많다. 업무 효율이 좋은 시간대도 타고난 아침형 인간에 비해선 늦은 시각이 될 것이다.

사람이 대개 오전 시간보다 밤 시간에 더 감정적, 직관적이 되는 것은 사실이다. 딱히 피곤하거나 술에 취하지 않았는데도 이상하게 밤에 쓴 글은 밝은 날 다시 보면 손발이 오그라들고, 한밤중에 누군가에게 던진 말이나 메시지 때문에 다음날 아침에 눈을 뜨면서 이불을 걷어차게 되는 경우가 많지 않은가? 그러나 사람이 하는 일이 모두 이성과 논리만 필요한 것은 아니다. 〈아침형 인간〉의 저자는 의사니까 업무에 있어 감정이나 직관은 피해야 할 요소들이겠지만, 예술가, 방송인, 광고 디렉터 등의 경우에는 오히려 이런 능력들을 활성화시키는 것이 업무에 도움이 될 것이다. 실제로 이런 업종에 종사하는 사람들은 밤 시간대 주로 일하는 경우가 많이 있다. 잘 나가는 경영자들은 모두 새벽에 일어난다고 하지만, 우리 모두가 경영자가 되어야 할 이유는 없지 않은가? 물론 냉철하고 합리적인 판단력이 중요한 경영자로서 성공하고 싶다면 아침형 인간이 되는 편이 확실히 유리할 것이다.

수면시간에 관하여 모든 사람이 적용할 수 있는 원칙은 딱 한 가지다. 규칙적인 생활리듬을 습관화하는 게 좋다는 것이다. 하루에 몇 시간을 자든 몇 시에 일어나든 자기 체질과 상황에 따라 정하면 되지만, 어쨌든 규칙적으로 생활하려는 노력은 해야 한다. 사람이 규칙적으로 생활하는 데는 반드시 노력이 필요하다. 충분히 자도 일어날 때 힘든 경우가 많은 건 이상한 일이 아니다. 인간의 생체리듬은 하루 주기와 같은 24시간이 아니라 약 25시간이기 때문이다. 참으로 얄궂은 사실이다. 인간은 정신을 놓고 살면 매일 1시간씩 늦게 일어나도록 만들어졌다. 〈아침형 인간〉에서는 그래서 사람이 시계 없이 생활하면 리듬이 매일 1시간씩 늦어지다가 24일이 지나면 다시 맞는 시간대로 되돌아갈 거라고 하는데, 이는 사실과 다르다. 시간을 전혀 알 수 없는 공간에 사람을 가둬놓고 살게 하는 실험을 해 봤더니 생활 리듬이 점점 늘어지더니 몇 달 후에는 체감 하루가 실제로는 며칠씩 되더라고 한다. 그러니까 인간의 생체 시계는 정확히 25시간짜리라기 보단, 일부러 태엽을 감아주지 않으면 조금씩 늘어지는 성질이 있다고 보는 게 맞겠다. 그렇기 때문에 규칙적인 생활을 하려면 매일 기상시간부터 세팅해 놓아야만 한다.

규칙적인 생활은 왜 중요할까? 일단 불규칙한 생활은 건강을 해친다. 인간의 생체리듬이 25시간인 건 조물주의 짓궂은 장난 같지만, 어쨌거나 인간을 비롯한 모든 동물은 하루 약 24시간, 낮과 밤의 사이클에 맞춰 살도록 만들어졌다. 특히 소화계와 호르몬계는 민감해서 리듬이 깨지면 바로 이상이 온다. 호르몬계는 정서와 직접 연관되므로 불규칙한 생활을 하면 정신적 문제도 생기기 쉽다. 야간 근무나 3

교대 등으로 생활리듬이 많이 변동되는 직종에서 오래 종사한 사람들은 평균 수명이 짧아진다는 통계가 있다.

또 하나 중요한 이유는 규칙적인 생활이 다른 좋은 습관을 만들고 유지하는 데 기본 조건이 되기 때문이다. 계속해서 습관의 중요성에 대해 이야기했다. 습관의 본질이 바로 규칙성이다. 울퉁불퉁한 바탕에 곧은 선을 그리기 어려운 것처럼, 규칙적인 생활리듬이 바탕이 되지 않으면 어떤 좋은 습관도 들이기 어렵다. 건강 뿐 아니라 어떤 큰 목표를 이루기 위해서도 규칙적인 생활이 바탕이 되어야 한다. 힘든 일을 오랫동안 해내려면 그 일을 습관으로 만들지 않고는 어렵기 때문이다.

아까 얘기했듯 연예, 예술 직종의 경우 낮과 밤이 거의 바뀐 채로 사는 사람들도 많지만, 그 중에서도 자기 분야에서 빼어난 성과를 이루었거나 오랫동안 잘 나가는 이들 가운데는 불규칙한 생활을 하는 경우가 거의 없다. 주변에서 보면 예술 직종을 꿈꾸는 이들이 착각을 하는 경우가 많아 강조해 두는 말인데, 적어도 직업으로서 예술가의 삶은 1%만 영감 혹은 예술혼이고 나머지 99%는 노동이라고 보면 된다. 보통 노동자는 작업 일정이 정해져 있지만 예술가는 스스로 정해야 하는 부분이 크기 때문에 보통 이상의 의지와 자기관리가 필요하다. 예술혼에 따라 자유롭게 살아가면서 뛰어난 성취까지 이루는 예술가란 단언컨대 허상이다. 예술가가 되고 싶다면 더더욱 규칙적으로 생활하고 일하는 습관을 들여야만 한다.

내 의지 사용
실천 지침

▼

✔습관을 바꾸기가 쉬운 일은 아니지만, 그나마 우리가 가진 것들 가운데 확실히 스스로 바꿀 수 있는 것은 습관밖에 없다. 좋은 습관을 만들면 그로 인해 의지력이 단련되고, 심리적 문제가 해결되는 효과도 볼 수 있으며, 궁극적으로는 인격까지 성장시킬 수 있다.

Q1 내가 고치고 싶은 나쁜 습관과 만들고 싶은 좋은 습관들을 생각나는 대로 적어 보자.

고치고 싶은 습관	
만들고 싶은 습관	

Q2 위의 목록에 우선순위를 매기고, 가장 고치고 싶은 습관과 가장 만들고 싶은 습관을 한 개씩만 고른다.

✔습관이란 아무 생각이나 느낌 없이 자동적으로 반복하는 행동 패턴이다. 습관이 생기는 이유는 뇌에서 에너지를 절약하기 위해서이다. 습관은 한 번 생기면 여간해서는 고치기가 어렵다. 패턴화된 행동은 뇌의 기저핵에 저장되는데, 한번 저장된 내용을 말끔히 지우기가 거의 불가능하기 때문이다. 따라서 나쁜 습관은 아예 처음부터 들이지 않는 편이 가장 좋지만, 습관이 작동하는 원리를 알고 활용하면 나쁜 습관을 고치거나 좋은 습관을 붙이는 데 큰 도움이 된다.

Q1 위에서 고른 '내가 가장 고치고 싶은 습관'을 아래 습관의 작동 원리에 따라 분석해 보자.

신호	반복 행동	보상
ex) 밤마다 울적하고 잠이 안 온다.	ex) 술을 마신다.	ex) 마음이 편해지고 잠이 온다.

Q2 '반복 행동' 부분을 대체할 수 있는 다른 행동은 무엇이 있을까? 생각나는 대로 써 보고, 효과(+)와 부작용(−)의 가능성을 고려하여 가장 실천해 볼 만한 사항을 골라 보자.

✔여러 연구를 통해 증명된 바에 의하면, 한 가지 습관을 몸에 배게 하는 데는 약 100일의 시간이 필요하다고 한다.

Q1 위의 '나쁜 습관 고치기'부터 100일 동안 실천해 보기로 하자. 하루의 결심을 지킬 때마다 아래 표에 한 칸씩 체크한다. 혹 중간에 실패하더라도 바로 그만두지 말고, 실패한 날짜부터 다시 남은 100일까지만 꼭 채워 보자.

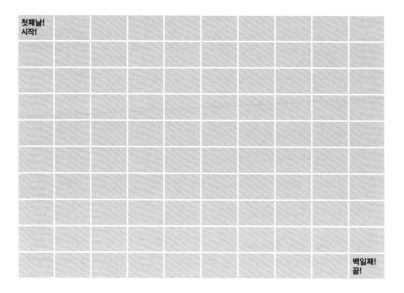

Q2 일단 100일의 여정을 끝낸 자신을 스스로 칭찬하고 격려해 주자. 과정이 완벽하지 못했더라도 노력을 했다면 어떤 형태로든 성과가 남았을 것이다. 이 도전이 나의 삶에 가져다 준 변화는 어떤 것이 있는가?

Q3 그 변화로 인해 내 삶이 얼마나 더 행복해졌는가? 삶의 변화에 대해 구체적으로 서술해보자.

_____

_____

_____

_____

✔ 위와 같은 순서로 계속해서 다른 습관 고치기에 도전해 보자. 단 그 과정에서 유의할 점은 다음과 같다.

첫째, 반드시 자발적인 의지가 있어야만 한다.

둘째, 구체적이고 현실적이며 단기적인 목표를 설정한다. 그리고 한 번 정한 목표의 기준은 달성했든 못했든 바꾸지 않는 것이 좋다. 이 자체가 자신의 원칙을 지키는 습관을 들이는 과정이기도 하다.

셋째, 어떤 일이든 내 의지로 좋은 습관을 들이는 경험을 쌓으면 자신감도 생기고 다른 분야의 도전에서도 성공 확률이 높아지니, 작은 일부터 일단 시도하라.

Q 다음으로 도전하고 싶은 미션을 골라 구체적인 계획을 세워 보자. 첫 도전의 결과가 성에 차지 않는다면 재도전을 해도 좋다. 재도전이라도 기한은 똑같이 100일이다.

_____

_____

_____

_____

_____

_____

_____

PART.5

내 몸 사용 설명서
[다섯번째 새로고침]

몸과 마음은
둘이 아니다

'의지'는 '마음의 근육'으로 비유되듯 그 어떤 정신작용보다도 몸과 밀접하게 연관되는 작용이다. 따라서 본 장에서 나의 몸을 돌보는 법에 대해서도 짚고 넘어가면 좋을 듯하다. 아닌 게 아니라 신체 건강을 위한 지침들은 대부분 습관에 관련된 사항들이다.

우리는 지금까지 살펴본 나의 꿈, 나의 마음, 나의 의지 등이 바로 '나'이고, 적어도 나의 아주 본질적인 한 부분이라고 생각하는 데 대체로 별 이견이 없다. 그런데 유독 몸은 나의 본질이 아니라 소유물처럼 생각하는 경향이 강하다. 즉 '내 마음'은 바로 '나'이지만 '내 몸'은 '내 것'이라고 생각하는 것이다. 이렇게 사람의 몸과 마음을 분리해서 보는 '이원론'은 한편으론 자연스럽고 아주 옛날부터 있었던 개념이긴 하다. 그러나 이원론이 극단적이 되면 몸과 마음 중 한 쪽의 중요성을 가볍게 보게 되기 쉽다. 사람의 몸과 마음은 둘 다 똑같이 중요한 것은 물론이고, 정확히 분리해서 다룰 수도 없다는 사실이 현대 의학과 과학에 의해 밝혀진 지 오래다. 나의 성격, 재능, 체질 등은 많은 부분 유전자에 의해 결정된다. 이런 조건들이 주변 환경과의 상호작용, 그리고 나 자신의 노력에 의해 계발되고 보완되고 변화한다. 감정, 의지의 변화는 뇌의 활동과 영향을 주고받는다. 이렇듯 정신적 건강과 신체적 건강은 거의 하나의 체계라고 볼 수 있다.

성격과 마찬가지로 신체적 특성도 사람에 따라 각각의 특질과 장단점을 타고날 뿐이며, 건강에 대한 절대적인 기준이나 모범답안이 있는 것은 아니다. 건강이란 모든 기능이 완벽한 상태를 말하는 것이 아니라, 전체 체계에서 균형이 유지되고 있는 상태를 말한다. 타고난 체질 아래서 균형을 유지하며 단점을 보완하고 장점을 계발하는 것이 최선의 건강관리이다. 그러기 위해서는 당연히 나의 타고난 체질을 먼저 파악하는 것이 우선이다.

체질 파악이라는 게 특별한 일은 아니다. 대개 동양의학한의학은 서양의학에 비해 개인의 체질을 중시하여 이에 대한 이론이 많이 발달해 있기에 참고해 보는 것도 좋다. 그러나 꼭 정해진 이론에 집착할 필요는 없다. 중요한 건 사람마다 체형은 물론이고 어느 장기 혹은 체계의 성능이 비교적 좋고 나쁜지, 어떤 환경에 특히 민감한지 각기 다르게 타고난다는 사실을 고려하는 것이다. 이런 차이들은 생활습관 혹은 성격과도 영향을 주고받는다. 정신적 스트레스는 소화기에 직접적으로 영향을 주므로 스트레스를 많이 받는 성격이나 환경에 처한 사람들은 올바른 식생활을 해도 대개 소화기가 약하다. 우울한 기분은 단 음식을 원하는 호르몬을 분비하고 압박감은 짠 음식을 원하는 호르몬을 분비한다. 따라서 실제 우울증 기질이 있는 사람은 탄수화물 중독에 걸리기 쉽고 신경이 예민한 사람은 짜고 자극적인 식생활을 하기 쉽다. 이런 식습관이 신체적 건강에 직접 영향을 주는 것은 물론이다. 간혹 한의사 분들 가운데 환자를 진찰할 때 사주팔자까지 참고하시는 분들이 있는데, 이걸 전혀 엉뚱하다고만 볼 수는 없는 이유이다. 사주팔자는 개인의 타고난 성향과 체질이 운명을 만들어간다는 이론이니 말이다.

사람의 몸은 그 자체로 마음만큼이나 복잡하고 어려운 구조물이다. 사람을 우주선에 태워 달 정도는 우습게 다녀오는 시대임에도 감기나 여드름조차 아직 정복하지 못했지 않은가. 특히 면역계나 호르몬계는 너무나 민감하고 복잡한 체계이기 때문에 정말 별 이유 없이 고장이 나는 경우도 있다. 또 생각보다 많은 질병이 유전의 영향을 받는다. 성인병에 속하는 당뇨병, 암, 심장혈관질환부터 소화기질환, 치매, 심지어 관절질환에 이르기까지 가족력을 무시할 수 없다. 따라서 나의 건강관리 전략을 세우기 위해서는 나의 체질은 물론 가족력, 주거지나 직장의 환경 문제까지 잘 파악해야 한다. 나 혼자 건강관리를 철저히 한다고 해서 아무런 문제가 생기지 않을 것이라고 자신하는 것은 위험하다. 건강관리의 원칙 중 0순위는 늘 겸허한 태도로 주의 깊게 내 몸을 관찰하는 것이다. 특히 노화가 시작되는 30대에 들어서부터는 기본적인 정기검진을 반드시 받고, 이상이 있거나 무리하다고 내 몸이 주는 신호들을 무시하지 말아야 한다. 다시 말하지만 내 몸은 내 것이 아니라 바로 나 자신이다.

건강을 지키려면
세상에 맞서 싸워야

건강 문제에 대해서라면 내가 개인적으로 할 말이 많다. 나는 가훈이 '건강'인 가정에서 자라났다. 그 가훈을 정하신 우리 아빠는 다소의 운동 중독과 건강 강박증을 가지신 분이다. 배우자로도 딱 보기에 건강 체질인 여성을 택했고, 두 분 사이에 딸 둘이 태어났다. 그런데 맏딸인 나만은 마치 돌연변이처럼 다른 세 식구에 비해 눈에 띄게 체격도 작고 어려서부터 병치레가 많은 약골이어서 모두의 의아함과 걱정 속에서 자라났다. 가족들의 사랑과 돌봄 덕분에 점점 건강해지긴 했지만, 난 20대가 되어서도 나이 드신 부모님들보다 훨씬 더 병원 신세를 자주 지며 살았다.

그런데 내가 스물다섯이 되던 해, 그때까지 가족들 중 누구보다도 병원과 인연이 없으시던 엄마가 갑작스럽게 말기 암 판정을 받으셨다. 가족이 중병에 걸렸다면 누구나 그렇겠지만, 언제나 건강이란 가치를 최우선으로 여겼던 우리 가족에게는 너무나 큰 충격이었다. 엄마의 투병 기간 동안 내가 간병과 살림을 전담했다. 동생은 마침 의사가 되기 위한 공부를 하고 있었다. 우리 가족은 사랑하는 엄마와 아내를 살리기 위해 현대의학과 대체의학의 모든 관련 지식과 정보와 경험담을 긁어모았고, 공부했고, 최선을 다해 실천했다. 발견 시점이 너무 늦었던 탓에 엄마는 결국 1년 반 만에 유명을 달리하셨지만, 그때의 경험은 우리 가족 모두, 특히 나로 하여금 건강에 대한 인식과 습관을 완전히 바꿔 놓는 계기가 되었다.

그때까지 우리 가족들은 건강이란 가훈 아래 살고 있었지만 현대 사회가 얼마나 건강을 유지하기에 어려운 암초들로 가득한지는 제대로 알지 못했다. 암환자인 엄마를 위해 식단을 바꾸자 가장 먼저 약골에 잔병치레 많던 나의 체질이 바뀌었다. 그로 인해 나는 건강에 있어 타고난 면과 관리에 의해 바뀔 수 있는 면에 대해 확실한 개념을 갖게 되었다. 엄마의 병 이전에 우리 가정은 다른 보통의 가정들처럼 백미밥에 적당히 가공식품이 섞인 식단과 종종 인스턴트식품, 외식으로 이루어진 평범한 식생활을 영위하고 있었다. 현미밥에 채식 따위는 건강한 사람들에겐 유난스러운 일로 여겼다. 타고난 건강 체질에 운동을 좋아하는 아빠와 동생은 그 정도로도 건강 유지에 아무 문제가 없었다. 그러나 겉보기엔 건강 체질이었어도 친정 쪽에 암 가족력을 가진 엄마와 돌연변인지 뭔지 약골로 태어난 나는 그렇지 못했던 모양이다.

엄마는 타고난 건강을 과신하여 정기 검진이라는 가장 기본적인 사항을 지키지 못한 탓에 건강을 제대로 지키지 못하셨다. 그러나 엄마의 살신성인?이 아니었다면 내가 지금처럼 건강관리의 중요성을 뼈아프게 깨닫고 실천하는 사람이 될 수 없었을 것이고, 어쩌면 엄마보다 더 이른 나이에 건강을 잃었을지도 모른다. 사실 엄마가 아프기 이전에 나는 우리 식구들 중 가장 건강이 나쁘면서도 가장 건강에 관심 없는 사람이었다. 건강은 타고나는 것이라 여겼기 때문이다. 툭하면 아픈 게 짜증나기는 하지만 그냥 이러다 죽어야 하는 줄 알았다. 지금 내가 이렇게 20대 때보다도 훨씬 건강해진 몸으로 건강관리에 대한 글을 쓰고 있는 것을 엄마가 천국에서 보시면 흐뭇하게 웃으실 거라고 믿는다. 건강 체질은 타고나는 게 좋지만, 스스로의 노력을 통해 신체 건강을 향상시키면 자존감이 높아지고 긍정적 태도를 갖게 되어 결과적으로 행복 지수까지 크게 높일 수 있다.

현대 사회는 치명적인 전염병을 대부분 정복했고 인류사에 유례없는 장수 시대를 열었지만 한편으론 길어진 인생을 건강하게 살지 못하게 하는 각종 문제들도 만들어냈다. 환경오염이나 기후 변화처럼 개인 차원에서 대응하기 힘든 문제들을 차치하고라도 과잉 열량, 식품첨가물 과다 섭취와 운동부족이 되기 쉬운 생활환경 등은 심각한 성인병을 유발하는 원인이 되고 있다. 인체의 진화와 적응 속도가 문명 발달에 비해 너무 느린 것이 문제의 근본이다. 우리의 몸은 아직도 먼 옛날, 늘 영양실조에 대비해야 했던 시스템에 그대로 머물러 있는데, 현실은 그 시절과 달리 지나치게 달고 기름지고 부드러운 음식들이 주변에 차고 넘치니 문제가 생기는 것이다. 우리가 달고 기름지고 부드러운 음식에 끌리는 것은 본능이다. 지금 우리 몸의 시스템이 세팅되었던 시절에는 그런 음식을 만났을 때 최대한 많이 먹어 몸에 저장해 놓아야 살아남을 가능성을 높일 수 있었기 때문이다. 본능과 맞서 싸우기란 대단히 힘든 일이므로 의지만 가지고는 될 일이 아니다. 본능에 대한 이해와 그것을 다루는 요령이 필요하다.

쏟아지는 건강정보,
옥석을 가리는 요령

오늘날 건강관리에 문제가 되는 또 한 면은 잘못되었거나 애매한 정보가 지나치게 많다는 점이다. 새로운 의학적 발견, 각종 실험 결과, 신상품, 환경 문제 등 온갖 건강 관련 정보가 쏟아지는데 전문적 지식이 없이는 옥석을 가리기 어렵고, 심지어 서로 상반되는 내용도 많아 우리를 혼란스럽게 하고 있다. 이런 정보의 홍수 속에서 표류하지 않기 위해서는 몇 가지 유념해 둘 원칙이 있다.

우선 앞서 얘기한 다른 모든 사안들과 마찬가지로 건강에 영향을 미치는 것들에 관해 객관적이고 절대적인 기준은 없다는 사실이다. 예를 들어 후쿠시마 원전 사태 이후 방사능이 우리 몸에 얼마나 치명적인가에 관해 의견이 분분하다. 일본에 가서 물 한 잔만 마셔도 큰일 날 것처럼 말하는 사람들이 있는가 하면 그런 걱정을 건강염려증 내지는 사회적 분란을 조장하려는 불순한? 의도로 몰고 가는 사람도 있는데, 그런 상반된 견해들이 각기 나름의 과학적 근거로 무장하고 있다. 어찌 된 일일까?

우리는 흔히 어떤 근거에 숫자가 붙어 있으면 옳다고 생각하는 경향이 있는데 실은 그렇지가 않다. 사람이 방사능에 노출되는 수치가 어느 정도까지면 괜찮은지에 관한 기준들이 있다. 국제원자력방호위원회ICRP에서 정하고 있는 연간 방사능 노출 기준은 1mSv이다. 그러나 이 말이 매년 0.9mSv씩 방사능에 노출되면 평생 괜찮다는 걸 보장한다는 뜻은 결코 아니다. 또 같은 양의 방사능에 노출되어도 개인의 체질과 상황에 따라 치명적인 영향을 받을 수도 있고 그렇지 않을 수도 있다. 안전 기준이란 어디까지나 대다수의 사람이 괜찮다고 하는 수준에서 설정되는 것이다. 그 기준에서 95%의 사람이 괜찮다고 해도 나머지 5%에 내가 속하지 않을 것이라 장담할 수는 없다.

한편 우리나라 정부가 정한 식품 방사능 기준 수치는 서구 선진국들에 비해서는 물론이고 일본에 비해서도 대단히 관대한 편이다. 식품 뿐 아니라 모든 안전 관련 기준이 우리나라는 서구 선진국들과 일본에 비해 헐렁하다. 이런 차이는 과학적, 의학적 근거보다는 안전을 위해 어느 정도까지 비용을 지불할 것인지, 편리를 위해 어느 정도까지 위험을 감수할 것인지에 대한 사회적 합의의 결과이다. 이 사회적 합의라는 것도 사회 구성원들 간의 자율적이고 평등한 합의가 아닌, 행정적 편의와 경제적 이해관계를 위한 여론몰이, 그로 인한 소수 구성원들의 희생과 다수 구성원들의 무관심에 의한 결과인 경우가 많다.

후쿠시마 원자력발전소에서 방사능이 유출된 이후 일본 정부는 반경 20km를 법적 출입금지 지역으로 정했다. 여기서 20km는 정확한 과학적 근거를 바탕으로 도출된 수치가 아니다. 그보다는 정부가 주민들을 강제로 피난시킬 수 있는 여력이 어디까지인지가 더 중요한 기준이었다고 봐야 맞다. 몇 년 전 나라 전체를 뒤집어 놓았던 미국산 소고기 연령 제한은 어떤가? 나이가 많은 소를 먹을수록 광우병에 걸릴 가능성이 높아지는 것은 사실이다. 방사능 유출지에 가까울수록 많은 방사능에 노출될 가능성이 많고, 조금씩이라도 쌓이면 언젠가 인체에 치명적인 해를 주게 되는 것도 사실이다. 그러나 이 모든 것이 어느 선까지는 괜찮고 안 괜찮은지에 관해 모든 사람, 모든 경우에 다 적용할 수 있는 정확한 기준선을 긋는다는 것은 불가능하다. 사람이 만들어낸 기준선은 모두 임의적인 것에 불과하고, 최소한의 과학적 근거는 고려되겠지만 그보다는 행정력, 즉 현실적으로 법 집행을 어디까지 할 수 있는지에 관한 고려가 더 많이 들어간다. 얼른 받아들이기 힘든 사실이지만, 우유의 유통기한을 정하는 것과 방사능 수치의 기준을 정하는 것이 실은 별 다를 바 없는 절차를 밟는다는 말이다.

이렇게 건강에 대한 정보량이 과도하고 불신이 팽배하다 보니 요즘은 엉뚱한 공포증까지 일어나고 있다. 최근 건강검진은 할 필요가 없다는 담론이 유행하고 있는데, 굉장히 위험한 현상이다. 병원들이 상업적 목적으로 꼭 필요하지 않은 각종 값비싼 검진을 권하는 경향이 있는 것은 사실이다. 그러나 건강을 위협하는 요소들로 가득한 환경 속에서 바쁘게 살아가는 현대인들이 자신의 건강 상태를 점검하기 위해서는 검진 이외에 답이 없는 것도 현실이다. 더구나 암, 당뇨병, 고혈압 등의 성인병은 심각하게 악화되기 전까지는 특별한 증상이 없는 경우가 많기 때문에 정기적인 건강검진은 반드시 필요하다. 부디 독자 분들은 검진을 소홀히 했다가 우리 가족과 같은 큰 아픔과 후회를 겪는 일이 없기를 바란다.

건강관리의
일반원칙 4가지

건강정보와 담론의 양 극단에는 이렇게 금전적 이익과 행정적 편의를 위한 기만, 그리고 대중의 무분별한 공포가 만들어낸 괴담이 있고, 그 사이에는 수많은 불분명한 경계들이 있다. 여기서 길을 잃지 않기 위해서는 앞서 살펴보았듯 건강담론이 만들어지는 과정과 원리를 이해해야 하고, 판단에 기준으로 삼을 몇 가지 원칙과 상식들을 명심해야 한다. 그 원칙들은 다음과 같이 정리할 수 있다.

첫째, 무엇이 건강에 좋은지에 관해서는 지금까지 충분한 연구 결과를 토대로 입증되어 거의 상식이 된 사실들만 받아들여도 충분하다. 우리는 상어연골이나 곰 쓸개즙, 태반 화장품, 완전채식 등이 과연 건강에 좋긴 한지, 얼마나 좋은지를 따져보느라 고민하고 실랑이할 이유가 없다. 그렇게 실천하기도, 증명하기도 어려운 것들보다 손쉽게 실천할 수 있으며 확실히 증명된 건강 상식들이 얼마든지 있고, 그것들만 다 지키기도 벅차기 때문이다. 확실히 증명된 건강 상식들로는 무엇이 있는지 뒤에서 짚어 볼 것이다. 다만 건강에 좋은 것 말고 나쁘다는 것들에 대해서는 좀 더 예민하게 받아들일 필요가 있다. 이는 또 다른 원칙으로 연결된다.

둘째, 건강에는 좋은 걸 하는 것보다 나쁜 걸 안 하는 게 더 중요하다. 이는 세상사의 모든 분야에 적용되는 원칙이다. 이 세상은 엔트로피의 법칙, 즉 태초에 만들어진 질서로부터 끝없이 무질서를 향해 흘러가는 과정 아래 있기 때문에 무엇이든 좋아지기보다 나빠지기가 훨씬 쉬운 법이다. 전자파, 미량의 방사능 노출, 식품첨가물, 유전자조작 식품 등이 '건강에 나쁘다는 과학적 근거가 없다'는 말에 마음을 놓아서는 안 된다. 과학적 근거가 없다는 말은 명제를 뒷받침할 공인된 자료가 아직 없다는 말이지, 명제가 사실이 아니라는 말은 아니다. 게다가 공인된 자료를 도출하는 데는 대개 대규모의 장기적인 연구가 필요하고 이런 연구에는 돈이 많이 들기 때문에, 오늘날 사회 구조적으로 경제력을 가진 주체_{대기업이나 이익단체}들의 이익에 도움이 되지 않는 연구 결과는 나오기 힘든 경향이 있다. 특히나 '영향이 많으면 안 좋은 건 분명하지만, 어느 정도까지는 괜찮다'는 말엔 가장 주의를 기울여야 한다. 괜찮은 것은 좋은 게 아니다. 그리고 괜찮고 안 괜찮은 정도를 가르는 기준도 절대적인 것일 수가 없다. 건강에는 좋은 걸 하는 것보다 나쁜 걸 안 하는 게 더 중요하기 때문에, 확실한 근거도 없이 좋다는 걸 하려고 애를 쓸 필요는 없지만, 나쁘다는 건 일단 가능한 한 피하려고 노력하는 편이 좋다.

셋째, 무엇이든 지나친 것보다는 모자란 게 낫다. 소식_{약간 적게 먹는 것}이 장수의 비결임은 상식이다. 규칙적인 운동은 건강 유지에 가장 중요한 요소 중 하나지만, 지나친 운동은 관절을 손상시키는 것은 물론이고 오히려 노화를 촉진한다. 몸에 꼭 필요한 영양소들도 좋다고 지나치게 섭취하면 오히려 독이 되는 경우가 많다. 특히나 요즘 세상은 상술이 우리에게 무엇이든 지나치도록 부추기는 경우가 많아 늘 주의해야 한다. 영양제나 화장품 등도 최소한만 활용하는 것이 좋다. 건강의 본질은 균형이라는 것을 잊지 말자.

넷째, 건강에는 무엇이든 자연스러운 편이 낫다. 인간의 재주가 많이 발전했다 해도 아직 조물주의 재주를 따라가려면 멀었다. 투약, 수술 등의 인위적인 조치가 필요할 때가 있지만 거기 따르는 부작용을 반드시 고려하고, 인체의 자연스러운 힘만으로 최소한의 균형을 찾아가기 힘들다는 판단이 들 때 그 모자란 힘 정도만 보태준다는 자세로 활용하는 것이 좋다. 의사와 병원을 무조건 멀리하라는 얘기는 아니다. 요즘은 병원도 경제 논리에 따라 돌아가는 경향이 심해지고 있어 많은 이들이 병원 처방과 치료 과정에 대해 의구심을 갖게 된다. 그러나 사실 대부분의 의사들은 전문가인 만큼 의학의 한계를 누구보다도 잘 알고 있고, 환자들에게 실질적으로 도움이 되는 조치를 하려 애쓴다. 문제는 환자들이 의사의 말 중에 중요한 부분은 잘 안 듣고 덜 중요한 부분을 크게 받아들이는 데서 생기는 경우가 많다. 혈압을 낮추고 간수치를 낮추고 여드름을 완화하고 관절염을 치료하려면 "담배 끊으셔야 하고요, 술 좀 줄이시고, 시간 맞춰 약 꼬박꼬박 드시고…."는 건너뛰고서는, 그러다 악화되어 "정밀 검사 받으셔야 하고, 수술하셔야 할지도 모르고…." 이 말이 나올 때야 귀를 기울이는 것이다. 내 몸의 자연치유력을 스스로 유지하려는 노력이 없이는 의학도 별 도움이 되질 못한다.

같은 원리로 음식을 만들 때도 기본적으로 조리 과정이 간단할수록 건강에 좋다. 그렇다고 생식만 하라는 얘기는 아니다. 대부분의 음식은 제대로 익혀야 소화기에 무리를 주지 않고 영양 섭취율도 높아지며 기생충이나 식중독 등도 예방할 수 있다. 그러나 많이 정제되고 복잡한 과정을 거쳐 조리된 음식보다는 대충 만들어서 입에 좀 거칠게 느껴지는 음식일수록 건강에는 좋다. 실은 그 정도가 아니라 지나치게 정제되었거나 복잡하게 조리된 음식은 건강에 나쁘다. 라면이 나쁜 이유는 정제된 밀가루를 1차로 튀겨서 2차로 끓이는데다 온갖 식품첨가물이 들어갔기 때문이다. 문제는 이런 음식일수록 얼른 입에는 착착 감긴다는 데 있다.

오해와 진실 : 식품첨가물, 채식, 유기농 식품

각종 식품첨가물이 실제로 몸에 얼마나 어떻게 해로운지에 대해서는 논란이 많다. 그러나 어쨌든 오랜 세월 우리 몸이 자연스럽게 섭취하던 물질이 아닌 것은 분명하므로 많이 쌓이면 우리 몸의 복잡하고 민감한 체계에 어떻게든 이상을 가져올 가능성이 높다. 자연식품이라 해도 많은 정제 과정을 거친 백미, 정제 밀가루, 백설탕 등은 분명 몸에 좋지 않은 영향을 준다는 사실이 입증되었다. 우리 몸의 시스템은 원래 당을 통곡식이나 과일, 채소 등을 통해 섭취하여 힘들게 소화하면서 그 과정에서 섬유질, 무기질, 비타민 등 다른 필요한 영양소들을 함께 얻도록 되어 있다. 그런데 정제식품을 통해 정제당, 즉 '이미 거의 소화된' 당을 직접 섭취하면 그 모든 복잡한 기능에 혼란이 일어나고 각종 시스템에 손상을 주게 된다. 실제로 단당류 과량 섭취로 인한 혈당 조절 문제는 당뇨병, 암, 심혈관계 질환, 치매, 골다공증, 정신질환의 유발 요인이 된다는 사실이 밝혀졌다. 당 자체는 우리 몸에 꼭 필요한 에너지원임에도 불구하고 정제된 상태로 섭취하는 것만으로 우리 몸에 이상과 부담을 가져오게 되는데, 하물며 화학적으로 합성된 식품첨가물은 어떻겠는가?

물론 식품첨가물은 인체에 해를 주지 않는 기준 이하의 미량만 첨가하도록 법으로 정해져 있다. 그러나 앞서 말했듯 절대적인 기준이란 것은 있을 수가 없다. 오늘날 식품첨가물은 워낙 대중화되어 있어 가끔이라도 외식을 하거나 가공식품을 먹는 한 완전히 피하기는 현실적으로 어렵다. 그리고 대부분의 경우 극미량을 섭취하면 크게 염려할 필요까지는 없는 것도 사실이다. 그래도 최대한 정제당과 가공식품을 피하려고 노력을 기울여야 하는 이유는 그 자체가 몸에 좋지 않기 때문만은 아니다. 정제당과 가공식품은 인간의 본능을 직접 건드리는 성질이 있어 입에 착 감기고 중독성이 있기에 먹다보면 입맛이 길들여져 몸에 좋은 진짜 음식들에 맛을 들이기가 점점 더 어려워진다. 따라서 어린아이들, 청소년들은 특히나 이를 더 멀리하도록 해야 하며, 성인이라도 기호에 잘 맞을수록 절제가 필요하다. 말하자면 식품계의 야동 같은 존재라고나 할까? 성인이 야동을 가끔 즐기는 것은 그리 나쁠 게 없고 인생의 활력소가 될 수도 있지만, 지나치게 빠지거나 야동으로 사랑을 배우게 되면 현실의 남녀관계에서 얻을 수 있는 다양한 경험과 교훈을 감당하기 어려워지고, 결국 실제 남녀관계를 맺는 데 장애가 생길 수도 있는 것과 같은 원리이다.

육류 섭취도 이와 같은 맥락에서 이해하면 된다. 특별히 거부반응이 있는 게 아니라면 사람이 고기를 먹는 것은 자연스럽고 필요한 일이다. 완전 채식이 건강에 좋다는 의견도 있지만, 인류 역사를 볼 때 채식을 하기 어려운 지역은 있었어도 극지방 등 완전 채식이 가능했던 지역은 거의 없었으니, 적어도 건강 측면에서는 자연스러운 일은 아니다. 물론 환경이나 동물 권리 등의 문제의식으로 채식을 선택하는 것은 존중받아야 할 일이다.

문제는 현대인들이 육류를 지나치게 많이 섭취한다는 것이다. 지금 우리나라 사람들처럼 거의 매일같이 고기를 먹는 것은 전혀 자연스러운 일이 아니며, 각종 성인병의 원인이 된다. 게다가 지나치게 많은 고기 수요를 맞추기 위해 공장식으로 대량 사육된 가축에게서 얻은 고기는 그 자체로 건강에 좋지 않고, 그 과정에서 환경 파괴와 동물 학대라는 문제까지 벌어진다. 고기 섭취량을 줄이는 것만이 답이다. 최근 일주일에 하루 고기 안 먹는 날 캠페인이 벌어지고 있는데, 실은 고기는 일주일에 한 번만 먹어도 충분하다. 단백질은 유제품, 계란, 해산물, 콩 제품에서 얻으면 된다. 항생제를 쓰지 않고 비교적 건강하게 사육한 고기는 좀 비싸지만, 고기 먹는 횟수를 줄이면 충분히 감당할 수 있다. 무엇이든 그렇지만 먹는 것은 특히나 양보다 질에 신경을 써야한다. 사회생활을 하다 보면 회식, 외식을 많이 하게 되니 고기를 피하기 어렵다. 그러니 집에서만은 고기 요리를 덜 해 먹고, 먹더라도 횟수를 줄이고 질 좋은 고기를 사 먹도록 하자.

유기농 식품이 과연 얼마나 더 건강에 좋은지, 얼마나 환경에 도움이 되는지에 관해서도 지금 논란이 많다. 유기농이 유행하다 보니 '무늬만 유기농' 제품도 쏟아지는 실정이다. 그러나 부작용이 있더라도 결국 가까운 지역에서 건강하게 생산한 식품을 먹는 것이 현대인들이 부딪친 건강 문제와 환경 문제를 해결할 수 있는 방법이다. 그러려면 보기 좋은 식재료에 대한 무의식적인 선호를 버리는 것이 가장 시급하다. 본래 농산물의 자연스럽고 건강한 모습은 크기가 고르지 않고 울퉁불퉁하고 흠집도 있는 것이다. 마트에 진열된 농산물의 찍어 낸 듯 고르고 매끈한 비주얼을 위해 생산자는 농약을 치고, 생육 과정에 간섭하고, 덜 익었을 때 따서 포장한다. 유기농 매장, 혹은 시골 사는 지인에게 얻은 작고 못생긴 농산물이 실제로 맛은 훨씬 좋다. 일단 시도해 보라. 여기에 맛을 들이다 보면 매끈하게 생겨서 맛은 맹맹한 일반 농산물을 보면 꼭 어색하고 개성도 없는 성형미인처럼 느껴져서 점점 손이 안 가게 된다. 물론 유기농 식품은 비교적 비싼 게 흠이다. 그러나 몸에 쓰는 다른 비용, 약을 먹는다든지 비싼 화장품을 산다든지 하는 돈을 이쪽에 지불하는 편이 낫다. 비싸면 좀 덜 먹으면 된다. 소식하는 편이 건강에도 미용에도 좋다.

건강도 결국 습관이다

의심할 여지없이 실천할 수 있고, 그래야만 하는 건강 상식들은 다음과 같다.

누구에게나 건강에 명백히 좋은 것들	규칙적인 운동(최소 주 3회 30분 이상), 약간 부족한 듯한 열량 섭취(성장기 제외), 통곡물(정제하지 않은 곡물-현미나 통밀 등), 충분한 채소와 과일, 적당량의 견과류와 불포화지방(올리브유, 오메가3), 약간의 육류와 해산물(일주일에 2~3회), 충분한 햇빛(자외선은 차단), 충분한 수면, 긍정적인 마음가짐과 원만한 인간관계, 정기건강검진
누구에게나 건강에 명백히 나쁜 것들	담배, 과체중, 지나친 음주, 정제당(설탕, 과당 등), 정제 곡물(백미, 하얀 밀가루), 각종 식품첨가물(가공식품), 과다한 육류 섭취, 포화지방(여러 번 쓴 식용유, 쇼트닝), 스트레스, 수면 부족, 불규칙한 생활, 과도한 노동, 자외선, 방사능

[표4] 명백한 건강 상식들

너무나 빤한 사항들이지만 이것들만 위해 노력하는 일도 요즘 세상에선 정말 쉽지 않다. 앞서 말했듯 달고 부드러운 음식에 끌리는 것과 일부러 노력하지 않으면 자연스럽게 생활리듬이 늘어지는 것은 인간의 본능이다. 따라서 건강 상식들을 지키며 살기 위해서는 의지를 가지고 끊임없이 습관을 다듬어야만 한다. 그러니 기본을 등한시하고 확실하지도 않은 건강정보들에 매달려 시간과 돈을 낭비하는 것은 정말 어리석은 짓이다. 비유하자면 공부를 잘하고 싶다면서 '교과서와 EBS 위주로, 기초부터 예습 복습 철저히' 할 생각은 않고 비싼 족집게 과외에만 몰두하는 것과 같다. 공부의 기초 습관이 잘 되어 있는 사람이 족집게 과외를 활용하면 도움이 될 수 있다. 그러나 그렇지 않은 경우엔 돈과 공부 습관을 한꺼번에 버리게 되니 안 하느니만 못한 짓이다.

바쁘고 스트레스 많은 현대 사회를 살아가면서 위에서 열거한 건강의 기본 원칙을 다 지키면서 살기란 불가능할 것이다. 그래도 건강 관리를 위해 애쓸 생각이 있다면 일의 우선순위는 명심하고 있어야 한다. 나쁜 습관을 고치는 게 가장 우선이다. 재정 관리를 제대로 하려면 적금을 붓는 것보다 먼저 빚을 갚아야 한다는 원칙과 같은 맥락이다. 물론 상황에 따라 빚 갚기를 미룰 수밖에 없을 때도 있고, 어떤 상황에서든 적금을 붓는 게 안 붓는 것보다야 낫다. 그러나 덜 중요한 일에 집중하느라 더 중요한 일을 잊고 있는 일은 없도록 해야 한다.

즉 더 건강하고 아름다워지고 싶다면, 가장 먼저 담배를 끊고 정상 체중을 유지해야 한다. 영양제를 먹고 피부과에 가는 것은 우선순위가 한참 밀리는 일이다. 물론 담배를 끊고 살을 빼는 것보다는 당장 영양제를 먹고 피부과에 가는 것이 훨씬 편한 일이므로 그것부터 해보고 싶은 심정은 충분히 이해한다. 그도 분명 안 하는 것보다는 나을

것이다. 그러나 기본을 지키지 않고서는 효과가 미미한 게 당연하므
로 그에 대해 투덜대지는 말자.

건강한 습관 만들기
part.1 식생활

누구나 건강하고 아름다워지고 싶어 한다. 그러나 행복이나 좋은 관계와 마찬가지로 건강과 아름다움도 어느 순간 성취할 수 있는 목표가 아니라 삶 자체가 바뀌어야 얻어지는 가치이다. 삶을 바꾸려면 습관을 바꾸면 된다고 했다. 건강하고 아름다워지는 습관들과 그것을 만드는 요령들을 구체적으로 알아보자.

여기서 말하는 요령들은 체질과 상관없이 누구에게든 유익한 가이드라인이지만, 개인이 중점을 두는 면에 따라 다르게 활용할 수 있다. 억울한 일이지만 술, 담배, 군것질 실컷 즐기면서도 누구 못잖게 건강하게 살다 가는 체질이 있는가 하면, 평생 철저한 건강관리를 해야만 겨우 사는 것처럼 살 수 있는 체질도 있다. 내가 건강에 남들보다 더 신경 써야 하는 체질이라면, 혹은 남들보다 더 건강하고 아름답게 살고 싶다면, 다음 가이드라인들을 더욱 철저히 지키도록 노력하자.

올바른 식생활 습관부터 시작하자. 많은 이들이 한 번쯤은 경험이 있을 텐데, 작정하고 하는 다이어트는 대부분 실패하기 마련이다. 한

때 성공하더라도 요요현상이 오기 쉽고, 그러고 나면 자신감도 떨어지고 신체적으로도 체중 관리가 더욱 힘든 체질이 된다. 다이어트는 평생 하는 것이란 말이 있다. 식생활 습관을 바꾸는 것만이 근본적인 해결책이란 얘기다. 올바른 식습관을 들이면 따로 체중관리를 할 필요가 없어진다. 올바른 식습관이 무엇인지에 관해서는 대부분 대강 알고 있을 것이다. 규칙적으로 먹는 것이 좋고, 군것질은 안 하는 게 좋고, 백미보다 현미밥이나 잡곡밥이 좋고, 육식은 줄이는 게 좋고, 채소와 과일은 충분히 먹어야 하고, 튀기거나 볶은 요리보다 찌고 데친 요리가 좋고, 인스턴트식품이나 가공식품은 줄이는 것이 좋고, 술은 적당히 마셔야 하고, 물은 충분히 마셔야 하고, 등등…. 다 빤한 잔소리 같은 사항들이다. 알긴 다 아는데, 이렇게나 맛있고 편리한 불량식품들이 넘쳐나는 이 세상에서 지키기가 너무 어렵다는 게 문제다. 나의 본능과 험한 세상에 맞서 싸우기 위해서는 '의지'만이 아닌 '지혜'도 필요하다.

　우선 식단 관리를 하면서도 먹고 싶은 것을 실컷 먹을 기회도 스스로에게 보장해 주자. 사람이 가끔은 술도 마시고, 달디 단 디저트도 먹고, 고소한 튀김도 먹어야 한다. 일명 '길티 플레져guilty pleasure=달콤한 죄악, 죄책감을 느끼면서 즐기는 것'이다. 인생에서 먹는 즐거움이란 게 얼마나 큰가? 그것을 얼마나 큰 가치로 두는지는 사람에 따라 다르지만, 식탐이 많은 사람일수록 이를 절제하는 지혜가 있어야만 그 즐거움을 오래, 깊이 누릴 수 있다는 사실을 명심하자. 식탐을 무절제하게 즐기다가 언젠가 건강에 큰 탈이 나서 아예 먹는 즐거움을 잃는 일이 없도록 하기 위해 명백한 '길티 플레져'는 일주일에 2회 정도로 제한한다. 특히 몸에 안 좋은 음식들 가운데 내가 심하게 집착하는 것이 있다면 그것을 기준으로 계획을 세운다. 일주일에 두 번쯤은 무엇이든 먹고 싶은 것을 실컷 먹는다는 보상이 있으면 다른 날 제한을 이겨낼 의지가 강해진다.

'길티 플레져의 날'은 기본적으로 주 단위로 미리 계획해 놓는 것이 좋다. 살다 보면 여행이나 행사 등 일상의 사이클을 벗어날 일이 있기 마련이므로 이 횟수는 융통성 있게 운용할 수 있지만, 일주일에 2회라는 기준을 지키도록 노력해야 한다. 예를 들어 무슨 일로 일주일에 3번 길티 플레져를 즐겼다면, 다음 주에는 1회로 줄이는 식이다. 바쁘거나 스트레스가 많거나 식탐이 많아서 이런 제한을 실천하기 힘든 사람이라면 매일 식단과 제한 계획을 기록하는 방법을 써 보자. '기록'은 굉장한 효과를 가져온다. 실험에 따르면 특별한 목표 없이도 하루 식단을 매일 기록하는 것만으로 체중관리 효과가 크게 높아졌다고 한다.

일상의 식단에서는 '대체'와 '제한'이 필요하다. 직장이나 밖에서 먹는 밥은 어쩔 수 없지만 가정식이라도 철저히 관리하자. 백미밥은 현미잡곡밥으로 바꾼다. 현미 특유의 냄새를 싫어하는 사람이라도 백미:현미:기타 잡곡을 1:1:1로 섞어 먹으면 먹을 만하다. 흰 밀가루는 통밀가루로 바꾸는 게 좋은데, 통밀가루는 밀가루 냄새가 너무 나서 아무래도 부침이나 반죽을 하면 맛이 떨어지므로 흰 밀가루와 1:1로 섞어서 요리하면 좋다. 흰 빵은 통밀빵이나 잡곡빵으로, 일반 소면은 통밀면으로 대체한다. 처음에는 입에 거친 것 같아도 먹다 보면 나중에는 오히려 흰 것이 싱겁게 느껴진다. 일반 우유는 저지방 우유로 바꾸고, 맛소금은 천일염으로, 설탕은 올리고당이나 꿀로, 미원은 해산물이나 버섯, 야채가루 혹은 육수로 바꾼다.

먹지 말아야 할 건 아예 사 놓지 않는 게 좋다. 우리 집 같은 경우는 맛소금, 설탕, 미원은 집에 두질 않는다. 그러고도 요리가 될까 싶지만 다 된다. 첫 입에 착 감기지는 않아도 깊은 맛이 나는 요리를 할 수 있다. 쓸데없이 먹게 되는 과자, 음료, 술 등도 아예 장바구니에 담지 않으면 된다. 집에 맛난 간식거리를 놔두고 인내심과 소모전을 할 필요가 없다. 왜 사서 고행을 하는가? 그보다는 마트에서 장바구니를 들고 고민하는 편이 훨씬 쉬운 싸움이다. 잘 싸우기 위해 장 보러 갈 때만은 배를 든든하게 채우고 가는 것을 잊지 말자! 간식거리로는 견과류와 제철과일을 담도록 한다. 견과류, 과일도 많이 먹으면 살찐다고 하지만, 과자나 빵, 단 음료나 아이스크림을 먹는 것보다는 훨씬 낫다. 고기도 밖에서 일주일에 한 번 이상 먹는다면, 집에는 한 달에 한 번 이상은 사 놓지 않도록 하자.

기존 식단	대체 식단	비고
흰쌀밥	현미잡곡밥	백미 : 현미 : 잡곡 = 1 : 1 : 1
흰 밀가루	통밀가루	흰 밀가루 : 통밀가루 = 1 : 1
흰 식빵	통밀빵이나 잡곡빵	통밀빵만 전문으로 파는 곳도 있고, 일반 빵집에서도 되도록 빵 색깔이 시커먼 것을 고르면 된다.
일반 소면	통밀소면	통밀소면은 일반 소면보다 좀더 오래 삶아야 한다.
일반 우유	저지방 우유	
맛소금	천일염, 구운소금	맛소금은 천일염에서 미네랄 성분을 제거한 뒤 MSG를 첨가한 것이다.

설탕	올리고당이나 꿀, 조청	백설탕보다는 흑설탕이 낫다.
미원(MSG)	해산물, 버섯, 야채 가루 혹은 육수	요즘은 시중에 천연재료로만 만든 좋은 조미료가 많이 나와 있다.
과자, 아이스 크림 등 간식	과일, 고구마, 견과류	

[표5] 가정식 대체 식단 가이드

식생활을 잘하고 있고 건강에 특별히 문제가 없다면 건강보조식품이나 영양제는 많이 먹을 필요가 없다. 비타민과 미네랄은 필요 이상의 양이 들어오면 그냥 몸 밖으로 나가 버린다. 종합비타민제 하나와 오메가3^{필수지방산} 정도면 충분하다. 기본적으로 영양제 살 돈으로 좋은 식재료를 사서 먹는 편이 낫다.

모든 습관이 다 그렇듯 식습관도 바꾸려면 처음에는 힘들다. 그러나 일단 좋은 습관이 들면 나쁜 습관은 절로 고쳐지고 또 나쁜 습관이 고쳐지면 절로 좋은 습관이 드는 선순환을 맛볼 수 있다. 직접 경험해서 확언할 수 있는데, 위와 같은 건강 식단을 유지하다 보면 '길티 플레저'의 맛이 점점 예전 같지 않아진다. 처음엔 참다가 먹는 거니까 전보다 더 맛있고 아주 천국이 따로 없을 정도지만, 그렇게 천국을 경험해 보는 것도 선순환에 이르기위해 필요한 과정이니 즐기자. 갈수록 좋아하던 불량식품의 지나치게 단맛, 짠맛, 기름지고 인위적인 맛들이 거슬리기 시작한다. 혹은 먹을 땐 맛있는데 먹고 나서 뒷맛이 찝찝하고 속이 안 좋아서 기분이 나빠진다. 다른 한편 자극적인 음식을 줄이면 건강한 음식들의 심심하지만 깊은 맛이 차츰 느껴지기 시작한다. 마침내 불량식품이 땡기지 않는 경지에 이르게 된다. 사람의 입맛이란 감정과 마찬가지로 참 간사하다. 자극적인 데 길들여지면 중독되고 둔감해지면서 점점 더 자극적인 것을 찾게 된다. 처음 흐름을 돌리는 것이 관건이다.

외식을 많이 하는 직장인들은 아무래도 식생활 습관을 통제하기가 힘드니 점심 한 끼 정도는 도시락을 싸 갖고 다니는 것이 좋다. 도시락을 싸기가 번거롭다면 요즘 현미채식 등 유기농 건강식 위주로 나오는 도시락 배달 서비스가 많으니 이용해 보자. 이런 도시락은 가격이 상당히 부담스럽긴 하지만, 건강과 미용을 위해서는 병원에 다니거나 건강식품을 사 먹거나 비싼 화장품, 헬스장에 쓸 돈을 여기 쓰는 편이 훨씬 효과적이라 장담할 수 있다.

건강한 습관 만들기
part.2 운동

운동도 결국은 습관의 문제이다. 운동 자체를 좋아하고 즐기는 사람들은 걱정할 필요가 없지만, 일부러 운동하기가 너무 싫거나 도무지 여유가 없는 사람들의 경우엔 생활습관의 측면에서 접근하자. 가까운 거리는 되도록 걸어 다니고, 건물을 오르내리거나 길을 건널 때 에스컬레이터보다 계단을 이용하는 습관을 붙이면 일부러 돈을 주고 운동하는 것 이상의 효과를 볼 수 있다. 걷기는 남녀노소를 불문하고 가장 좋은 운동이다. 매일 30분씩 걸으면 건강 유지에 필요한 최소한의 운동량을 채울 수 있다. 가능하다면 물론 오래 걷는 게 더 좋지만.

이를 위해 가장 좋은 요령은 되도록 자가용을 덜 타고 대중교통을 이용하는 것이다. 교통비는 물론 교통난, 환경오염도 줄일 수 있으니 일석사조다. 여성들의 경우엔 하이힐이 아닌 편한 신발을 신고 다니는 것이 중요하다. 불편한 신발을 신고 있으면 절대 걸어 다닐 의욕이 생기지 않는다. 나만 해도 키가 작아 하이힐에 스타일을 의존하는 사람이라 이런 선택이 얼마나 어려운지 잘 안다. 그러나 키가 크지 않아도 다리가 날씬해지면 낮은 신발을 신어도 스타일이 난다는 사실을 마음에 새기고 노력해 보자. 사실 낮은 신발로도 연출되는 스타일이 진짜가 아닌가! 정 포기를 못하겠으면 굽이 높아도 보다 안정적이고 편안한 신발이 있으니 이런 물건을 고르는 데 노력과 투자를 아끼지 말자. 아니면 이동 시를 대비해 편하고 가벼운 신발을 늘 하나 챙겨 갖고 다니는 것도 좋은 요령이다. 요즘은 심지어 주머니에 쏙 들어갈 정도로 작게 접을 수 있는 신발도 있다. 게다가 발도 편하고 예쁘기까지 하다! 좋은 세상이다.

또 집에서 TV를 보거나 통화를 할 때 앉거나 누워 있지 말고 일어서서 왔다 갔다 하거나 맨손체조를 하는 버릇을 들이자. 그러면 자연스레 군것질에 손이 덜 가는 효과도 볼 수 있다. 물론 TV를 끄고 집 근처라도 나가 산책을 하는 편이 좋다. 좀 귀찮아도 하루 20~30분 산책을 하는 습관은 신체건강 뿐 아니라 정신건강에도 좋다. 무리하게 운동 프로그램 끊어서 며칠 달리고 녹다운되어 돈 날리고 자괴감에 빠지는 것보다도 이쪽이 훨씬 낫다. 어떻게든 매일 30분씩 걷는 습관은 반드시 들이도록 하자.

본격적인 운동도 일주일에 1~2회 하면 더욱 좋다. 주말마다 등산이니 골프니 축구 등을 즐기러 다니는 사람이라면 아무 문제없지만, 집에서 꼼짝도 하기 싫은 나 같은 사람들이라면 머리를 잘 굴려 봐야 한다. 운동을 싫어하는 사람이라 해도 다른 취향을 충족시키면서 운동도 할 수 있는 종목들이 잘 찾아보면 있다. 자연을 좋아하는 사람이라면 등산, 물에 빠질 일이 걱정되는 사람이라면 수영, 혼자 명상하길 좋아하는 사람이라면 요가, 동물을 좋아하는 사람이라면 승마, 음악을 좋아하는 사람이라면 댄스스포츠 등 해보면 뜻밖에 취미를 붙일 수 있는 여러 종목들이 있다.

내게 잘 맞는 종목을 선택하는 것만큼 중요한 것은 좋은 파트너를 찾는 일이다. 좋아하지도 않는 운동을 혼자서 하러 다니는 일은 정말 힘들다. 친한 친구나 가족, 애인에게 같이 운동을 다니자고 꼬시자. 반대로 친한 사람이 운동을 같이 하러 다니자고 꼬신다면, 정말 부득이한 경우가 아니면 절대 거절하지 마라. 그보다 더 좋은 기회는 없다. 친한 사람과 함께 하는 여행이나 사업, 공부나 동거 등은 별로 추천할 일이 아니다. 그러다 의 상할 가능성이 꽤 높기 때문이다. 그에 반해 같이 운동을 다니는 일은 관계도 좋게 만들 가능성이 훨씬 높다. 운동은 딱히 즐기지 않는다 해도 기본적으로 사람의 몸과 마음을 건강하게 만들어 주는 활동이기 때문이다. 그럴 만한 사람이 없으면 동호회에 가입해 새로운 사람을 사귀어 보는 것도 좋다. 거기서 친한 친구나 연인을 만날지도 모르는 일 아닌가?

건강한 습관 만들기
part.3 화장품

끝으로 미용을 위한 기초화장품 사용에 관해 이야기하겠다. 대개 여성들은 화장품을 너무 많이 써서 탈이고 남성들은 너무 안 써서 탈이다. 실은 여성이나 남성이나 필요한 기초화장품의 종류나 양은 거의 다를 바가 없는데 말이다. 기초화장에 꼭 필요한 단계는 세안, 자외선 차단, 보습 세 가지다. 따라서 화장품도 세 가지면 필요충분하다. 메이크업을 하는 사람은 더 꼼꼼하고 확실한 세안이 필요하고, 피부가 건조한 사람은 더 깊은 보습이 필요한 정도의 차이가 있을 뿐이다. 요즘은 화장품 업계의 상술이 너무 심해 각종 쓸데없는 제품과 과정들이 남발되고 있기에 오히려 화장품을 줄이는 데 신경을 쓰는 게 좋다. 화장품을 필요 이상으로 쓰면 돈이 아까운 걸 넘어서 피부에 안 좋다. 화장품엔 화학첨가물이 많이 들어가 있다. 게다가 화장품을 지나치게 발라 버릇하면 피부가 스스로에게 필요한 유분을 만드는 능력이 점점 떨어진다.

세안은 첨가물이 최소한으로 들어간 세안전용비누로 하는 것이 가장 좋다. 단, 메이크업은 전문용품으로 깨끗이 지워야 한다. 남녀노소 가릴 것 없이 자외선차단제만큼은 매일 꼭 챙겨 바르는 습관을 들여야 한다. 보습 제품은 계절과 자기 피부에 잘 맞는 것으로 1~2단계만 바르면 충분하다. 특별 관리가 필요하다고 해도 3단계는 넘지 않는 게 좋다. 화장품 단계를 줄이면 처음엔 뭔가 부족한 느낌이 들지만, 시간이 지나면 피부가 스스로 균형을 회복하는 것을 경험할 수 있다. 아직도 토너-에센스-로션-크림-아이크림을 다 챙겨 바르고 있는 사람이 있다면, 요즘 쏟아져 나오고 있는 '화장품 업계의 진실과 거짓' 류의 제목을 단 책들 중 뭐든 한 권 골라서 꼭 읽어보기를 권한다.

그런 책들에서 가장 강조하는 또 하나의 진실, 비싼 화장품이 비싼 이유는 브랜드 이미지와 광고, 고급스러운 포장, 유통단계에서의 거품 때문이지, 성능 때문이 아니라는 사실도 명심하자. 돈이 남아돈다거나 사치스런 기분을 느끼고 싶어서 고가의 화장품을 산다면 말리지 않겠지만 정말 피부를 위해 돈을 쓰고 싶다면 다른 데 써야 한다. 좋은 것을 먹고 운동 다니는 데 말이다. 잘 먹고 잘 자고 운동하는 것보다 피부를 더 좋게 만들 수 있는 비결은 어디에도 없다. 사실 바르는 걸로 피부를 개선할 수 있는 여지 자체가 별로 없기 때문에 화장품에 돈을 들이는 건 근본적으로 쓸모 없는 짓이다. 단, 특이 체질로 인한 경우 제외 몇 십만 원짜리 화이트닝 제품을 사서 쓰느니 차라리 그 돈으로 피부과에 가서 레이저 시술 한 번 받는 것이 훨씬 낫다. 다 경험에서 하는 말이다. 화장품 사용과 피부 관리도 결국은 습관이 관건이다.

✔건강관리에 있어 가장 우선적으로 중요한 점은 겸허한 마음으로 내 몸을 살피고 돌보는 것이다.

Q1 가장 최근 병원에서 건강검진 혹은 진찰을 받은 것이 언제인가? 그 결과가 어땠는가?

_____

_____

_____

만약 앞의 두 질문에 정확한 답이 기억나지 않는다면 병원에 갈 핑계를 찾아봐야 할 때이다. 특히 일정한 나이가 되면 1~2년에 한 번씩 무료로 받을 수 있는 국민건강보험 건강검진은 꼭 받아야 한다. 국민건강보험공단 홈페이지에서 자료를 찾아보자.

_____

_____

_____

Q2 내 몸에서 비교적 취약한 부분이 있다면 어디인가?
그 부분을 특별히 관리하기 위한 방법으로 무엇이 있는지 알아보자.

_____

_____

_____

Q3 우리 가족이나 친지들 가운데 흔한 병이 있다면 무엇인가?
그 병에 유전적 영향이 있음이 입증되었는지 자료를 찾아보자.

_____

_____

_____

✔ 건강을 위해서는 좋은 음식을 먹는 것보다 안 좋은 음식을 안 먹는 것이 훨씬 중요하다. 식욕을 통제하는 요령으로 제한된 횟수만큼은 무엇이든 먹고 싶은 것을 실컷 먹는다는 규칙을 세워 지키면 효과적이다. 확실한 보상이 있으면 다른 때 제한을 이겨낼 의지가 강해진다. 일명 '길티 플레저(guilty pleasure)' 활용법이다.

Q1 내가 무척 좋아해서 아주 포기할 수는 없지만 건강을 위해 제한해야 한다고 생각되는 음식으로 무엇이 있는가?

_____

_____

_____

그 중 좋아하는 정도와 건강에 위험한 정도를 고려하여 가장 제한할 필요가 있는 '길티 플레저'를 한 개만 고르자.

_____

_____

_____

Q2 나에게 허용되는'길티 플레저'의 횟수는 일주일에 몇 회가 적당하다고 생각되는가?
주 3회 이하로 현실적으로 지킬 수 있는 횟수를 정하자. 그리고 매주 나의 스케줄을 고려하여 미리 길티 플레저의 날을 정하자.

_____

_____

_____

_____

_____

_____

✔ 건강 유지를 위한 최소한의 운동 습관 붙이기

	종목	이행 상황
필수	하루에 최소한 30분 걷기	필수니까 무조건 이행해야 됨. 변명은 개나 줘!
선택	일주일에 1~2회 1시간 이상 본격적인 운동하기	나에게 적당한 운동 종목은?
		운동 파트너가 될 만한 지인은? 없다면, 활동해 볼 만한 동호회는?

PART.6

내 인간관계 사용 설명서

[여섯번째 새로고침]

너 없는 나,
나 없는 너는
없다

지금까지 '나의 생각, 마음, 의지'를 다루는 법에 대해 살펴보았다. 그런데 대부분의 사람들에게 정말 '다루고 싶은' 사람은 따로 있을 것이다. 가족일 수도, 연인일 수도, 직장 동료일 수도, 고객일 수도 있다. 남들이 다 내 맘처럼 된다면 얼마나 좋을까? 그러나 조금만 더 잘 생각해 본다면, 특히 앞 장의 내용을 주의 깊게 읽었다면, 나 자신도 내 맘대로 안 되는데 남들이 내 맘처럼 되기란 얼마나 어려운 일인지 통감할 수밖에 없을 것이다.

사람마다 꿈을 향한 길과 그 길에서 부딪치는 문제들은 각자 다르지만, 그 모두가 결국은 인간관계의 문제라 해도 과언이 아니다. 인간은 본성상 태어나는 순간부터 죽는 순간까지 타인과의 관계가 아니고서는 살아갈 수 없는 존재이다. 육체적인 생존도 불가능하거니와 정신적인 존재의 의미도 찾을 수 없다. 우리의 모든 꿈은 타인과 밀접하게 연관되어 있다. 화목한 가정, 돈독한 교우관계, 안정적인 공동체 등의 가치뿐만 아니라, 돈을 많이 버는 것, 유명해지는 것, 권력을 차지하는 것, 예술적 성취를 이루는 것 등의 목표도 모두 궁극적으로는 타인들에게 인정받고 타인들과 소통하려는 욕구이다. 성공적인 인간관계는 그 자체로서 삶의 핵심 가치인 동시에, 다른 모든 문제를 해결하는 열쇠이기도 하다.

앞서 다룬 세상 모든 일이 다 그렇듯 이 일에도 순환논리가 따른다. 아니, 인간관계는 본질적으로 상호작용이므로 순환논리의 법칙이 더 확실히 적용된다. 인간관계의 문제가 풀리지 않고서는 나 자신의 문제도 풀리기 어렵듯이, 내 문제가 풀리지 않은 상태에서 인간관계의 문제를 풀기도 어렵다. 타인이란 존재는 내 얼굴을 스스로 볼 수 있게 해주는 거울과도 같다. 거울 상태가 안 좋으면 내 얼굴이 아무리 예뻐도 이상하게 비치겠지만, 거울이 아무리 반짝반짝해도 내 얼굴 상태가 안 좋으면 절대 예쁘게 보일 수 없는 것과 마찬가지다. 누구하고든 관계에 문제가 있다면 그 원인은 양쪽 모두에게 있다. 그 비중이 어떤 경우에도 5 : 5로 똑같다는 말은 아니다. 분명 문제의 우선적인 원인과 책임이 있는 쪽이 있을 수 있다. 다만 내가 문제를 풀고 싶다면 나에게 있는 원인부터 해결하는 것이 순서이다. 내 자신을 내 뜻대로 움직이는 것보다 남을 내 뜻대로 움직이는 것이 훨씬 더 어려울뿐더러, 어느 정도 남을 움직이는데 성공한다 해도 동시에 내 자신이 내 뜻대로 움직이지 않으면 말짱 헛수고가 되기 십상이기 때문이다. 물론 '거울 상태를 좋게 하는' 요령도 분명 따로 있다. 이번 장에서는 그 요령에 관해 주로 살펴볼 것이다. 다만 1~5장에서 살펴본 '내 얼굴 상태를 좋게 하는' 요령이 늘 우선이고 바탕이 되어야 한다는 사실을 잊지 말자.

인간관계의 마스터 키,
집착하지 마라

인간관계를 잘할 수 있는 가장 중요한 비결은 바로 인간관계에 집착해선 안 된다는 점이다. 내 얼굴을 거의 있는 그대로 비춰주는 거울이라 할지라도 이런 경우 자체도 드물지만 거울과 내 얼굴은 어디까지나 별개의 존재이며, 보통 일생 동안 마주치는 거울의 숫자와 종류는 무수히 많고, 영원히 내 얼굴 하나만을 상대하는 거울도 있을 수 없다. 내 얼굴 상태를 잘 알고 자신감을 갖지 않으면, 마주치는 거울 상태에 따라 혼란에 빠져 나 자신을 잃어버리기 쉽다.

그런데 인간관계에 집착하는 성향 또한 본인의 노력과 관계없이 형성되는 면이 많다는 점을 염두에 두자. 일단 인간관계에 얼마만큼의 가치 비중을 두는지부터가 타고난 성격에 따라 다르다. 인간 성격을 측정하는 5가지 기준들, 외향성, 신경성, 성실성, 친화성, 개방성 174페이지 [표5] 참조 가운데 외향성과 친화성이 높을수록 인간관계에 관심이 많은 성격이다. 그런 사람들은 인간관계에 대처하는 요령을 쉽게 익히지만, 또 그만큼 인간관계에 있어 불만족을 느끼거나 문제를 일으킬 확률도 높다. 조사 통계에 의하면 외향성, 친화성이 높은 사람들의 이혼율이 높다고 한다. 그런 성격이 결혼생활을 잘 못한다는 말일까? 그게 아니라 결혼생활이 불만족스러우면 그것을 끝낼 확률이 높다는 말이다. 외향성과 친화성이 낮은 사람, 즉 사람 만나는 것을 좋아하지 않고 공감 능력이 떨어지는 사람은 배우자와의 관계에 문제가 있더라도 굳이 헤어짐을 선택할 동기도 기회도 부족하므로 이혼할 확률이 낮다. 행복하지 않아 누구도 결혼생활을 유지하는 편이 나은지, 아니면 헤어지는 편이 나은지는 누구도 단정하기 힘든 문제이고 사람마다 판단이 다를 것이다.

또 한편 성장기에 양육자로부터 충분한 사랑을 받고 안정적인 인간관계를 경험했을수록 인간관계의 문제에 대처하는 능력이 높아지고, 인간관계에 연연하는 경향도 덜해진다.

결국 또 세상은 공평하지 않고 닭이 먼저인지 달걀이 먼저인지 가릴 수 없다는 결론이지만, 역시 '어떤 환경이든 나름의 장단점은 있고 일단 노력하지 않으면 가능성은 없다',는 이 책의 단계를 잘 따라온 독자라면 이제쯤은 당연하게 여겨질 전제에서부터 이야기를 시작하자.

성격 측정의 다섯 가지 기준: 외향성, 신경성, 성실성, 친화성, 개방성

이제 지금까지 여러 번 인용했던 성격 측정의 5가지 기준들에 대해 구체적으로 알아보자. 흔히 우리는 사람의 성격이란 객관적이거나 일관적인 성질이 될 수 없다고 여긴다. 그러나 심리학자들의 연구 결과에 따르면 인간의 성격 특성은 신체적 특성 키나 피부색 등과 마찬가지로 몇 가지 기준에 따라 객관적인 측정이 가능하며, 이 결과는 일생 동안 일관적인 것으로 밝혀졌다. 〈성격의 탄생〉대니얼 네틀 지음, 김상우 옮김 / 와이즈북 / 2009이란 책에서는 이런 성격 특성에 관한 심리학, 뇌과학, 유전학의 최신 연구 결과들을 종합적으로 일목요연하게 설명하고 있다.

첫째, '외향성'은 보상과 성취 등 외부 자극에 대한 욕구가 얼마나 강한지를 나타낸다. 외향성이 높은 사람은 열정적이고 사람들과 어울리는 것을 좋아하며 무료한 것을 못 참는 경향이 있다. 외향성이 낮은 사람은 혼자만의 조용한 시간을 즐기며 세상사에 초연한 편이다. 우리가 보통 얘기하는 '외향적', '내성적'인 성향과 세부적인 정의에는 차이가 있을 수 있으나 비슷하다.

둘째 '신경성'은 위협에 대한 반응이 얼마나 민감한가를 나타낸다. 신경성이 높은 사람은 스트레스를 잘 받고 걱정이 많으며, 반면 낮은 사람은 좋게 말하면 낙관적이고 나쁘게 말하면 둔감하다. 보통 얘기하는 '대범한', '소심한' 성향과 비슷하다.

셋째 '성실성'은 충동을 얼마나 잘 억제하는지를 나타낸다. 성실성이 높은 사람은 계획적이고 절제를 잘 하는 반면 고지식할 수 있고, 성실성이 낮은 사람은 충동적이고 부주의한 반면 순발력이 뛰어난 편이다. 보통 얘기하는 '성실한', '불성실한, 혹은 충동적인' 성향과 비슷하다.

넷째 '친화성'은 타인들의 감정을 얼마나 잘 읽고 공감하는지를 나타낸다. 친화성이 높은 사람은 사람들과 잘 어울리고 조화로운 사회생활을 하는 반면 인간관계나 감정에 휘둘리는 경향이 있다. 친화성이 낮은 사람은 공감 능력이 떨어지므로 인간관계가 조화롭지 못하기 쉽지만 그에 연연하지 않는 편이다. 피상적인 관계에서 '성격이 좋다, 나쁘다'란 평가는 이 기준에서 판가름 나기 쉽다.

다섯째 '개방성'은 문화적, 예술적 감수성이 얼마나 뛰어난지를 나타낸다. 개방성이 높은 사람은 창조적이고 독창적이며 새롭고 낯선 시각을 잘 받아들인다. 개방성이 낮은 사람은 실용적이고 보수적이며 낯선 것에 거부감을 갖는 편이다. 일반적으로 말하는 '개방적', '보수적' 성향과 비슷하다.

성격특성	기준	높은 사람	낮은 사람	일반적 표현
외향성	외부 자극에 대한 욕구가 얼마나 강한가?	열정적이고 사람들과 어울리는 것을 좋아하며 무료한 것을 못 참는 경향이 있다.	혼자만의 조용한 시간을 즐기며 세상사에 초연한 편이다.	'외향적인'/ '내성적인'
신경성	위협에 대한 반응이 얼마나 민감한가?	스트레스를 잘 받고 걱정이 많다.	비교적 낙관적이고 둔감하다.	'대범한'/ '소심한'
성실성	충동을 얼마나 잘 억제하는가?	계획적이고 절제를 잘 하는 반면 고지식할 수 있다.	충동적이고 부주의한 반면 순발력이 뛰어나다.	'성실한'/ '불성실한', 혹은 '충동적인'
친화성	타인들의 감정을 얼마나 잘 읽고 공감하는가?	사람들과 잘 어울리고 조화로운 사회생활을 하는 반면 인간관계나 감정에 휘둘리는 경향이 있다.	인간관계가 조화롭지 못하기 쉽지만 그에 연연하지 않는 편이다.	(피상적인 관계에서) '성격이 좋다'/ '성격이 나쁘다'
개방성	문화적, 예술적 감수성이 얼마나 뛰어난가?	창조적이고 독창적이며 새롭고 낯선 시각을 잘 받아들인다.	실용적이고 보수적이며 낯선 것에 거부감을 갖는 편이다.	'개방적인'/ '보수적인'

[표6] 5대 성격특성

앞서 여러 경우를 통해 살펴보았듯 이런 성격 수치는 각각 높든 낮든 나름의 장단점이 존재하며, 극단적으로 수치가 높거나 낮으면 성격장애나 정신질환의 수준이 되지만 그에 대한 절대적 기준이 있는 것은 아니다. 50% 이상 유전적으로 결정되며, 나머지 50%는 환경의 영향이나 이 환경도 대부분 개인의 노력과 관계없는 요소들, 즉 신체 조건이나 유아기 때 양육환경 등에 큰 영향을 받는다.

그리고 많은 사례 연구에 따르면 일찌감치 형성된 성격은 일생 동안 거의 변하지 않는데, 다만 나이가 들수록 성실성, 친화성이 다소 높아지는 경향이 있다고 한다. 이는 생물학적으로 자연스러운 현상이다. 젊을 때는 사회, 경제적 지위와 배우자를 확보하기 위한 열정과 경쟁이 중요하지만, 이 시기가 지나면 사회 구성원들과 조화롭게 살아가는 것이 생존에 더 유리하기 때문에 성실성과 친화성이 높아지게 된다. 우리가 보통 말하는 '철이 든다'는 개념은 아마 이런 현상을 가리키는 것일 터이다.

다른 사람은
안 달라진다
; 인간관계의 세 가지 함정

이렇게 과학적으로 입증된 성격 특성을 통해 우리가 인간관계에서 부딪치기 쉬운 함정을 크게 세 가지로 짚어보겠다. 이 세 가지만 정확히 알고 피해가도 최소한 인간관계의 문제가 우리의 행복을 향한 여정에 결정적 장애물이 되는 일은 막을 수 있다.

첫째, 사람의 됨됨이에 대해 선입견으로 판단해서는 절대 안 된다는 것이다. 인간관계를 잘하기 위해서는 상대에 대한 정확한 파악이 가장 우선이라는 사실은 두말하면 잔소리일 것이다. 그런데 앞서 살펴보았듯 성격은 다양한 요소들로 복잡하게 구성되어 있어 정확히 파악하기가 쉽지 않다. 특히 성격을 재능이나 사회문화적 조건 등과 착각해서는 안 된다. 〈어떻게 원하는 것을 얻는가〉스튜어트 다이아몬드 지음, 김태훈 옮김 / 에이트포인트 / 2011는 미국의 명문 MBA경영대학원 와튼스쿨의 최고 인기 강좌인 스튜어트 다이아몬드 교수의 '협상법'을 요약한 책으로, 제목 그대로 인간관계를 뜻대로 무난하게 끌어나갈 수 있는 요령들을 실용적이고 핵심적으로 알려 주는 좋은 책이다. 이 책에서도 거듭 강조하는 내용 중 하나가 '협상에 있어선 상대방의 성향 파악이 가장 중요한 요건이므로, 제발 선입견을 가지고 섣불리 판단하지 말라'는 것이다.

선입견이란 게 존재하는 이유는 습관이 존재하는 이유와 비슷하게 정보 수집과 파악에 드는 에너지를 최소화하기 위해서다. 따라서 선입견이 아주 쓸모없는 것만은 아니다. 집단마다 성향의 평균적 차이가 존재하는 것은 사실이다. 집단의 특성에 따라 좀 더 유리한 성향이 있기 때문이다. 예를 들어 작가라는 직업군의 성격은 대체로 외향성이 낮고 개방성은 높은 편이다. 보통 사람들이 작가에 대해 갖고 있는 선입견도 그와 같을 것이다. 실제로 내 성격도 정확히 그렇다. 그러나 모든 작가가 내성적이고 개방적인 사람인 것은 아니며, 다른 집단의 평균보다 외향적이고 보수적인 성격의 작가도 분명히 있다. 만약 당신이 작가라는 것밖에 정보가 없는 한 사람을 갑자기 상대하게되었다면, 일단은 비교적 내성적이고 개방적인 성격일 거라고 추정하는 편이 좋을 것이다. 그러나 그와 직접 교류하는 과정에서는 그런 선입견에 좌우되지 말고, 있는 그대로를 정확히 보려고 해야 한다.

의외로 이 부분에서 실수를 거듭하면서도 좀처럼 깨닫지 못하는 사람들이 많다. 다른 정보가 없을 때는 선입견을 사용할 수밖에 없지만, 이후로는 선입견 때문에 있는 정보를 올바르게 해석하지 못하는 일이 없어야 한다. 내가 내 눈으로 직접 본 사례만 들어도, 세상에는 보통 남자보다 로맨스물을 더 싫어하는 여자도 있고, 믿을 수 없을 만큼 한국어 독해력이 떨어지는 서울대생도 있으며, 작가보다 더 내성적인 성격의 영업사원도 있고, 보통 한국인보다 더 성미가 급한 중국

인도 있다.

여성/남성이라는 당연시되는 구분도 실은 완벽한 것이 아니다. 신체적으로 여성도 남성도 아닌 간성intersex으로 태어나는 사람의 비율이 1000명 가운데 17명이나 된다고 한다. 이들은 편의상 양성 중 한쪽을 선택해서 살아가는 경우가 많지만, 어떤 이는 그것을 부자연스럽게 여긴다. 그들 자신에게는 태어난 그대로가 자연스러운 상태인 것이다. 반대로 타고난 자신의 성별을 못 견디게 부자연스럽게 여기는 트랜스젠더들도 있고, 자신이 성적 존재라는 사실에 전혀 개념이 없는 무성애자도 있다. 다수의 사람들이 불편하게 여기든 말든 이들은 실제로 존재한다. 심지어 '사람'이라는 기준조차 무조건적으로 들이댈 수 없다. 인간성의 범주는 상식의 범위보다 훨씬 넓다. 한 인간의 마음속에 천사와 악마가 공존하는가 하면, 한 인간과 다른 한 인간의 차이가 한 인간과 한 동물의 차이보다 큰 경우도 얼마든지 있다.

둘째, 인간관계는 본래 쉽지 않다는 사실을 분명히 인정하고 인식해야 한다. 사람을 선입견에 따라 판단하려는 태도도 결국은 인간관계를 쉽게 생각하기 때문에 나타나는 현상이다. 단언컨대 인간관계는 어려운 게 정상이다. 위에서 언급했듯 인간이란 너무도 복잡하고 개별 편차가 큰 존재이다. 게다가 현대 사회는 지배적인 사회 규범과 역할이 희미해지면서 개인이 관계에 대해 져야 할 부담이 급격히 늘어나게 되었다. 인간관계는 본질적으로 어렵다는 사실을 인정하고 늘 겸허한 태도를 갖지 않으면, 실질적인 문제들을 해결하기도 어렵고 필요 이상의 스트레스와 자괴감에 빠지기 쉽다. 인간관계에 별 문제를 느끼지 않는 사람이라면 그만큼 인간관계를 능숙하게 잘하는 사람이라기보단, 인간관계를 많이 하지 않거나 중요성을 덜 느끼는 사람이라고 보는 게 더 맞다. 인간관계를 잘하는 가장 중요한 비결은 집착하지 않는 것이라 한 이유이다. 명심하자. 인간관계는 아무리 진심이 있어도, 기술이 있어도, 관계하는 만큼 문제가 일어날 가능성이 높다.

외향적인 사람들이 내성적인 사람들에 비해 타인들과 어울리기를 좋아하고 기술도 뛰어남에도 불구하고 인간관계의 문제에 더 많이 부딪치는 이유는 이 때문이다. 첫째 인간관계 자체를 많이 하므로 문제가 생길 확률이 높고, 둘째 인간관계에 필요 이상으로 자신감이 있는 탓이다. 외향적인 아이들은 내성적인 아이들보다 어른들의 관심을 많이 받고 또래들 사이에서도 존재감이 큰 편이므로 일찌감치 인간관계에서 성취감과 즐거움을 누리고 자신감을 갖게 된다. 그러다 나이가 들어 인간관계가 넓고 복잡해짐에 따라 뜻밖의 문제들에 부딪치게 되면 당황하고 혼란스러워하지만, 익숙해진 자신의 방식을 쉽사리 바꾸지는 못한다. 반면 내성적인 아이들에게 인간관계란 본래 힘들고 어려운 것이므로 일찌감치 의도적인 노력이 필요하다는 것을 알게 된다. 따라서 내성적인 아이들이 정서적으로 안정된 환경 속에서 기술을 차근차근 쌓아 나가면, 어른이 된 후에는 오히려 외향적인 사람들보다 훨씬 능숙하게 인간관계를 영위해갈 수 있게 된다.

셋째, 다른 사람이 달라질 것이라고 기대해서는 안 된다. 앞서 살펴본 것처럼 사람의 성격은 신체 조건이나 마찬가지로 태어나면서부터 거의 결정된 사항이므로 근본적으로 달라지기란 뇌를 다치지 않는 이상 불가능에 가깝다. 다만 전두엽의 발달이 완성되는 시기가 20대 중~후반이며, 나이가 들어감에 따라 평균적으로 성실성, 친화성 수치가 올라가는 경향이 있음은 증명된 사실이므로, 원숙한 나이가 되면서 좀 더 이성적이고 점잖아지는 정도는 기대해 볼 수 있겠다. 그러나 이 경우에도 성격의 기본적인 패턴이 바뀌는 것은 아니다. 살다 보면 사람이 분명 달라졌다고 생각되는 경우도 있긴 하다. 이 경우에는 성격 자체가 달라진 것보다는 정신적 건강 상태가 달라졌다고 보는 편이 정확하다. 정신적 건강도 신체적 건강과 마찬가지로 타고난 한계 안에서나마 노력으로 달라질 수 있는 여지가 꽤 있다. 그러나 모든 일이 그렇듯 상태를 좋게 만들고 유지하기란 망쳐놓기보다 훨씬 어렵고, 무엇보다 본인의 의지 없이는 불가능한 일이다.

누군가의 정신적 건강에 좋은 영향을 줄 수 있는 유일한 길은 꾸준한 사랑과 관심뿐이다. 나 자신이 달라지는 게 그나마 제일 쉬운 길인 이유는 타인보다는 내 자신에게 사랑과 관심을 주기가 쉽기 때문이다. 그럼에도 불구하고 나 자신을 고쳐보려고 노력했던 경험을 떠올려 보자. 어디 쉬운 일이던가? 그러니 자신도 아닌 타인을 내 뜻대로 달라지게 만들려는 시도는 가능하지도 않을뿐더러 관계에 심각한 상처를 주기 쉽다. 최소한 상대에게 꾸준한 사랑과 관심을 기울일 자신이 없다면 그런 욕심은 아예 집어치우는 것이 좋다. 물론 사랑과 관심을 많이 준다고 해서 상대가 반드시 내 뜻대로 달라지리란 보장도 없다. 상대가 반드시 내 뜻대로 되어야 한다는 목적이나 조건이 붙는다면 그걸 진실한 사랑이라 하기는 힘들다. 특히 나에게서 나왔지만 내가 아닌 존재, 자녀들을 대할 때 부모들이 조심해야 할 함정이다.

감정을
지배하는 자가
관계를 지배한다
;감정적 지불과 절차적 합의

　지금까지는 인간관계의 기본 전제들을 살펴보았고, 이제 보다 구체적인 문제를 해결하는 요령을 알아보자. 인간관계의 요령에 대해 조언하는 실용서나 경제/경영서 등에서 모두 강조하는 내용 중 하나가 인간관계에서는 논리보다 감정이 중요하다는 것이다. 개인 성향에 따라 조금씩은 차이가 있겠으나, 아무리 이성적인 사람이라 해도 머리가 거스르는 인간관계보다 가슴이 거스르는 인간관계를 유지하기가 어렵다는 사실은 경험으로 알 것이다. 심지어 개인적 관계가 아닌 공적 협상에서도 성공의 결정적 요인은 다름 아닌 '사람', 즉 좋은 관계와 호감이라고 한다. 〈어떻게 원하는 것을 얻는가〉에서 인용한 통계자료에 의하면, 협상을 성공으로 이끈 요인 중 '사람'이 55%, '절차'가 37%였고, 협상의 '내용'은 8%뿐이었단다. '감정을 지배하는 자가 인간관계를 지배한다'고 결론 내려도 과언이 아닌 셈이다.

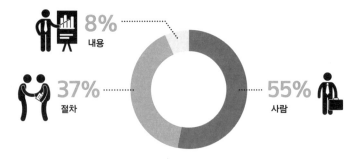

[그림3] 성공적인 협상의 요건

누구든 주변에서 실제로 일어난 사건들의 면면을 잘 살펴보면 금방 깨닫게 될 것이다. 개인적 관계에서든 공적 관계에서든 어떤 '사실' 때문에만 문제가 생기는 경우는 별로 없다. 대부분의 문제는 '태도'나 '절차' 때문에 생긴다. 약속 시간에 늦었다는 사실만으로 그렇게 큰 다툼이 일어나지는 않는다. 기다리던 친구가 길 건너편까지 들리도록 고함을 지른 이유는, 늦는 쪽이 미리 연락을 주어 불확실한 기다림의 시간을 줄여 주려는 성의를 보이지 않았고, 저 멀리서 눈이 마주쳐 놓고도 태평하게 걸어오는가 하면, 와서도 똑바로 사과를 하기는커녕 변명만 늘어놓는 '태도' 때문인 것이다. 똑같이 늦었어도 태도만 달랐다면 길거리에서 친구한테 큰 소리로 욕 얻어먹는 일은 피할 수 있었을 것이다.

물론 그렇게 되면 늦은 쪽도 기분이 상할 것이고, 친구가 좀 심하다는 생각이 들 것이다. 그러나 그때 같이 목소리를 높이면 분명 큰 다툼이 일어나고, 늦은 쪽이 애초에 사과할 것보다 몇 배는 더 노력하지 않고는 화해하기 힘든 사태가 벌어질 것이다. 친구가 약속시간에 늦었고 태도가 거슬린다고 해서 길거리에서 고함을 친 건 분명 지나친 행동일 수 있다. 그렇다 해도 먼저 잘못한 쪽이 억울한 마음을 잠시 접고 그 화풀이를 받아준다면, 그 전의 실수를 용서받기도 쉽고 자신이 욕을 먹어서 기분 나빴던 것에 대해 나중에 사과 받기도 어렵지 않게 된다. 이것을 '감정적 지불'이라 한다.

　인간관계에 있어 감정적 지불을 활용하는 기술은 아주 중요하다. 고부간의 갈등 상황에 남편에게 직접적 원인이 없다 해도 일단은 남편이 억울한 마음을 참고 아내의 불평을 들어줘야 하는 이유, 사고에 직접적 책임을 묻기 힘든 위치라 해도 고위직이나 정치인이라면 재난 피해자와 유족들에게 좀 부당한 정도의 항의라도 감내해야 하는 이유가 여기에 있다. 감정적으로 큰 상처를 받은 사람들, 특히 스스로의 힘으로 권리를 찾기 힘든 약자의 위치에 있는 사람들은 어느 정도의 감정적 지불 없이는 문제 해결에 참여할 의지를 갖기 어렵기 때문이다. 합리를 따지는 것만으로 사람의 문제는 결코 해결되지 않는다. 모두가 차분히 마음을 모아 합리적으로 문제를 해결하기 위해서는 우선 감정 문제가 어느 정도 해소되어야 한다. 시어머니 때문에 남편에게 화를 내는 아내도 실은 이 상황에 대해 남편에게 전적인 책임을 물을 수 없음을 잘 알고 있다. 그럴 때 남편이 사리분별을 일단 미뤄두고 아내의 상한 감정을 풀어주기 위해 노력한다면, 아마 이후로는 복잡한 상황에 굳이 참견할 필요도 없게 될 것이다. 아내가 남편에 대한 고마움과 미안한 마음까지 갖고 자신이 알아서 문제를 풀려고 노력할 것이기 때문이다. 그런데 많은 경우 남편들은 이 요령을 모르고 사리분별만 따지다가 결국 호미로 막을 일을 가래로 막게 된다.

흔히 모든 사안에 감정적 문제를 분리해서 처리하는 편이 현명한 처사라고 생각하기 쉬운데, 인간으로서 피할 수 없는 감정적 문제를 직시하고 유리하게 활용하는 편이 진정으로 현명한 처사이다. 여자들끼리 있으면 작은 문제가 많이 생기고, 남자들끼리 있으면 문제가 쓸데없이 커지는 경우가 많은 건 감정적 문제에 대한 대처법의 차이 때문이다. 남성들은 평균적으로 여성들보다 인간관계나 감정적 문제에 덜 예민한 편이지만, 사실 감정적 지불의 필요성은 남성들도 다를 바가 없다. 그런데 남성들은 여성들에 비해 상대방은 물론 자신의 감정을 잘 파악하지 못하는 편이라서 감정적 지불을 하는 데도 비교적 서투르고, 감정적 지불을 받을 때도 더 세심한 배려를 필요로 하는 경우가 많다.

갈등을 해결할 때 싸워서 승패를 가리는 것은 가장 나쁜 방법이다. 상대를 굴복시켜 억지로 끌고 가는 과정에서 소모되는 에너지, 그리고 자율성을 빼앗긴 편이 잃어버리는 행복과 의지력까지, 낭비되는 에너지가 어마어마하기 때문이다. 가장 효과적인 길은 상대방을 설득하고 납득시켜 스스로 움직이게끔 하는 것이다. 자율성을 원하는 것은 인간의 본성이다. 이를 위해서 필요한 것이 앞서 말한 감정적 지불과 절차적 합의이다. 같은 결론이라도 모두가 합의한 절차에 따라 내려진 결론은 찬성하지 않는 쪽도 훨씬 더 잘 따르게 한다. 아주 어린 아이들조차도 일방적으로 내려진 지시보다는 대화를 통해 스스로 납득한 지시를 훨씬 더 잘 따른다. 상습적으로 늦는 친구 때문에 스트레스를 받는다면 무조건 늦지 말라고 다짐만 하는 것보다는 약속이 있는 날에는 미리 전화를 해서 준비상황을 체크해 주겠다거나, 얼마가 늦어도 화내지 않을 테니 도착 예정 시간을 좀 더 정확히 알려 달라고 하거나, 몇 분 이상 늦었을 때는 벌금을 얼마씩 걷자거나 하는 규칙을 함께 정해놓는 편이 훨씬 좋다.

뜻이 갈렸을 때 내 쪽이 더 옳고 좋다는 걸 논리적으로 증명하고 근거를 갖다 대는 건 설득에 별 효과를 발휘하지 못한다. 일단 충분한 대화를 통해 상대방의 마음을 정확히 파악하고, 감정적 지불이 필요하면 해주고, 합의할 수 있는 절차를 만드는 것이 좋다. 이런 과정들이 익숙하지 않은 사람에겐 시간 낭비처럼 느껴질 수 있지만, 한 번 성공하고 나면 훨씬 뒤끝이 좋고 효율적이라는 사실을 알게 될 것이다.

그런데 이 과정들을 잘 수행하려면 남의 마음을 읽는 기술과 더불어 내 감정을 조절하는 기술이 필요하다. 아무리 상대의 말을 잘 들어주고 싶어도 내 속이 부글부글 끓어 참을 수가 없다면 그러기가 힘들다. 갈등상황에서 얼마나 평정을 잘 유지할 수 있는가는 타고난 성향과 의지력에 많이 달려 있는 게 사실이지만, 노력해 볼 수 있는 방법들도 있다.

우선 감정적 지불과 절차적 합의 과정의 필요성을 인식하는 것만으로도 상대방을 관대하게 받아들이는 데 도움이 될 것이다. 또 중요한 운동시합에 나가기 전에는 충분한 휴식과 영양섭취, 준비운동 등으로 몸 상태를 최상으로 만들어 두어야 하듯, 중요한 문제를 해결하기 위해서는 내 상태몸과 마음 모두를 최대한 잘 관리하여 준비하는 자세가 필요하다. 다른 일로 피곤하거나 예민한 상태에서 인간관계의 문제에 부딪치는 상황은 피해야 한다. 어쩔 수 없을 때는 상대에게 솔직하게 내 상태를 이야기하고 이해를 구하는 것이 좋다. "내가 지금 일 때문에 너무 피곤한 상황이니까 예민하게 굴어도 조금만 양해해 주면 좋겠어." 이런 말 한 마디를 해두었을 때와 아닐 때와는 상황이 전혀 다르게 굴러간다. 괜찮지 않은데 괜찮은 척하고 계속 가는 건 최악의 선택이다. 문제가 생각지도 못한 암초에 부딪쳐 좌초하게 될 가능성이 크다.

한편 남의 감정을 읽고 공감하는 능력도 타고난 측면이 크긴 하지만, 눈치 없고 둔감한 성격을 타고났더라도 의지만 있다면 단점을 보완할 수 있는 길이 있다. 사실 상대의 의중을 읽는 가장 좋은 길은 다른 게 아니라 직접 물어보는 것이다. 눈치 없고 둔감한 사람, 즉 공감 능력이 떨어지는 사람은 대개 상대방의 감정에 잘 휘둘리지 않는 편이다. 따라서 비록 상대의 의중을 빨리 읽지는 못해도 차분하게 묻고 들어주는 데는 오히려 유리할 수 있다. 내 경험상 남의 속마음을 잘 읽는 사람들이 일반적으로 인간관계에 능숙하지만, 자기 능력을 과신한 나머지 큰 사고를 치는 경우가 더 많다. 〈어떻게 원하는 것을 얻는가〉에서도 협상할 때는 절대 넘겨짚지 말고 상대방의 정확한 의중을 끈기 있게 묻고 확인하는 것이 가장 중요하다고 말한다. 질문을 두려워 말자. 사적인 문제이건 공적인 문제이건 간에 상대가 진지하고 성의 있는 자세로 자신의 의중을 묻는데 싫어할 사람은 없다. 잠시 당황하거나 귀찮아할 수는 있겠지만. "그걸 꼭 말로 해야 알아?!"하고 구박을 받더라도 "귀신도 말 안 하면 모른다잖아."로 꿋꿋이 받아치며 물어보도록 하자.

인간관계의 비밀: 선택의 원칙

인간관계에서 생기는 문제들을 협상을 통해 무난히 풀어가기 위해 필요한 것이 앞서 말한 '감정적 지불'과 '절차적 합의'의 기술이다. 그런데 사실 살면서 부딪치는 많은 관계와 선택의 순간에는 그 정도로 복잡한 과정이 끼어들 여지가 없는 경우가 대부분이다. 상대에 대한 정보가 별로 없거나 정보를 수집할 여유가 없는 상황에서 사람은 역시 감정에 치우친 판단과 선택을 하게 된다. 경제학 이론이 실패하는 이유는 모든 인간이 합리적인 존재라는 전혀 사실과 다른 전제를 기초로 하기 때문이다. 개인 성향이나 상황에 따라 차이는 있지만, 실제 사람들은 결코 모든 상황에 자신에게 이익이 되는 선택을 하지 않는다. 사람들은 대개 그냥 습관적으로 선택하고, 감정적으로 판단한다. 그렇기 때문에 기업들은 품질을 더 좋게 만들거나 가격을 내릴 수 있는 돈으로 몸값 비싼 연예인을 동원해 상품의 객관적 정보는 전혀 담지 못하는 광고들을 만들어 뿌리는 것이다. 소비자들이 상품의 품질이나 가격이 아니라 광고와 광고모델을 통해 만들어진 '이미지'를 향한 '호감'으로 구매를 선택하기 때문이다. 경제적 선택 뿐 아니라 정치적 판단도 대개 이런 식으로 이루어진다.

〈설득의 심리학〉로버트 치알디니 지음, 황혜숙 옮김 / 21세기북스 / 2013은 이렇게 **인간의 선택과 판단을 좌우하는 여러 비합리적 조건들**에 관해 6가지로 일목요연하게 정리해 놓았다. 첫째, 상호성의 원칙. 먼저 받은 만큼 갚으려 한다. 둘째, 일관성의 원칙. 먼저 취했던 입장을 고수하려 한다. 셋째, 사회적 증거의 원칙. 다른 사람들의 입장을 따라가려 한다. 넷째, 호감의 원칙. 합리보다 호감을 따라 판단하려 한다. 다섯째, 권위의 원칙. 권위 있다고 여겨지는 존재의 판단을 따라가려 한다. 여섯째, 희귀성의 원칙. 구하기 힘든 것을 더 귀하게 생각하는 경향이 있다.

이 원칙들은 양면으로 활용될 수 있다. 남의 판단을 받는 입장에서는 이를 내 의도대로 잘 활용해야 할 것이고, 남을 판단하는 입장에서는 최대한 여기 휘둘리지 않도록 정신을 바짝 차려야 할 것이다. 이 원칙들을 바탕으로 인간관계에 있어 노력할 수 있는 사항을 정리해 보면 대강 다음과 같다.

선택의 원칙 6	인간의 선택과 판단을 좌우하는 비합리적 조건	인간관계에 활용할 지점
상호성의 원칙	먼저 받은 만큼 갚으려 한다.	받고 싶은 만큼 남에게 먼저 잘한다.
일관성의 원칙	먼저 취했던 입장을 고수하려 한다.	첫인상에 신경 쓴다. 상대방이 이전에 취했던 입장을 확인하고 활용한다.
사회적 증거의 원칙	다른 사람들의 입장을 따라가려 한다.	나에 대한 여론을 관리한다.

호감의 원칙	합리보다 호감을 따라 판단하려 한다.	논리로 설득하기에 앞서 상대로 하여금 내게 호감을 갖게 한다.
권위의 원칙	권위 있는 존재의 판단을 따라가려 한다.	권위의 상징(지위, 옷차림 등)을 활용한다.
희귀성의 원칙	구하기 힘들수록 더 귀하게 여긴다.	적당히 비싸게 군다.

[표7] 인간관계에 선택의 원칙 활용하기

다만 이 모든 노력들이 지나치게 의도적이고 전략적인 쪽으로 치우치면 결국에는 오히려 역효과가 난다는 사실을 명심하자. 이런 요령들은 말하자면 포장지와 같은 것이다. 사람의 인식 능력에는 한계가 있기 때문에 내용물이 아무리 좋아도 포장지가 후지면 제대로 평가를 받기 힘든 게 사실이다. 그러나 근사한 포장지를 뜯었을 때 내용물이 후지면 실망이 더 크고, 그런 일이 반복되면 영영 신뢰를 잃게 된다. 구슬이 서 말이라도 꿰어야 보배라지만, 가짜 구슬을 아무리 잘 꿰어봤자 보배가 될 수는 없는 법이다. 1~5장의 내용이 좋은 구슬을 만드는 요령이었다면 이번 장은 구슬을 꿰는 요령이라 보면 되겠다. 전자가 순서 상 우선이긴 하지만, 보배를 만들기 위해 어느 쪽이 더 중요한 과정이라고 말할 수 없다. 둘 다 중요하다.

외모가 중요한 이유

　포장지를 잘 꾸미는 데, 혹은 구슬을 잘 꿰는 데 있어 가장 중요한 두 가지 요소가 있는데, 바로 '외모'와 '말'이다. 이중 '말'의 중요성에 관해서는 대부분이 잘 알고 있다. 자기계발서 가운데도 화법을 주제로 한 책이 상당히 많다. 다음 장에서 화법에 관해서만 따로 이야기할 것이니 여기서는 외모의 중요성에 대해 짚고 가도록 하겠다.

　사람들은 보통 말에 비해 외모의 중요성에 대해서는 잘 모르거나 인정하지 않으려는 경향이 있다. 외모로 사람을 판단하는 일은 비합리적이고 불공평한 것으로 여겨진다. 그러나 바람직하고 말고의 문제를 떠나 외모가 인간관계에 대단히 영향력 있는 요소임은 엄연한 사실이다. 각종 심리 실험 결과를 보면 외모의 영향력은 우리가 상식적으로 생각하는 것보다 훨씬 크다. 매력적인 외모는 남성 여성 가리지 않고 대인관계에서는 물론 경제 활동과 정치 활동, 심지어 사법 판결에서까지 유리한 요소로 작용하며, 이성 뿐 아니라 동성에게까지 이성 관계에서 경쟁자가 되는 경우만 제외하고 보다 호의적인 반응을 유도한다. 매력적인 외모의 기준은 문화에 따라 조금씩 다르기는 하지만, 아직 사회화 과정을 밟지 않은 아주 어린 아기들조차 일반적으로 매력적이라 평가받는 외모를 선호한다는 사실이 증명되었다.

어린 아기도 좋아하는 매력적인 외모란 전적으로 유전자의 선물이기에 상당히 씁쓸한 결론이기는 하지만, 실망할 필요는 없다. 매력적인 외모도 다른 유전적 요인과 마찬가지로 나름의 장단점이 있으며, 노력으로 보완할 수 있는 여지가 40~50% 정도는 있기 때문이다. 요즘은 성형수술이 워낙 발달해서 큰 기회가 있는 것으로 생각하는 사람이 많다. 그러나 성형에 관심이 있거나 경험이 있는 사람이라면 누구나 '원판 불변의 법칙'에 대해 알 것이다. 성형으로 신체적 매력을 높일 수 있는 경우는 '교정'이나 '보완' 정도의 역할을 했을 때뿐이다. '변신'도 가능은 하지만, 이 경우에는 대개 부작용이 순기능을 압도하게 된다. '변신' 목적으로 성형을 했거나 하려는 사람이라면, 우선 심리 치료부터 받기를 진심으로 권유한다.

우선 매력적인 외모에도 단점이 있다는 믿기 힘든 사실부터 알아보자. 한 심리 실험 결과에 의하면 사람들은 외모가 뛰어난 사람을 첫눈에는 좋게 평가하지만, 이후 그들이 기대에 미치지 못하는 행동을 했을 때 보이는 실망감과 적대감의 크기는 외모가 매력적이었던 정도에 비례하는 것으로 나타났다. '포장지'와 '내용물'의 갭에서 오는 부작용이라 볼 수 있겠다. 이 때문인지 매력적인 외모와 자존감에는 상관관계가 거의 없다고 한다. 즉 외모가 뛰어난 사람이라고 스스로를 높게 평가하는 경향은 거의 없었다는 얘기다. 외모가 뛰어난 사람이 각종 분야에서 실질적으로 상당한 혜택을 누린다는 사실에 비추어보면 뜻밖의 결과가 아닐 수 없다. 외모가 뛰어난 사람들은 대부분 그 때문에 자신이 실제보다 높이 평가되는 경향이 있음을 확실히 알고 있으며, 그로 인한 스트레스를 받을 수밖에 없다는 것으로 해석된다.

무엇보다 누구나 생물학적으로 신체 상태가 최고조에 이르는 20대 초반을 넘어서면 외모에도 노력과 관리에 영향을 받는 비중이 높아진다. 경험에서 하는 말인데, 선천적으로 뛰어난 외모를 타고나지 못한 사람일수록 나이가 들면서 점점 공평해지는 외모 관리에 재미를 붙일 수 있는 가능성이 크다. 타고난 외모에 불만이 있는 사람이라면 이번에도 "시간은 내 편"이라는 주문이 답이다. 물론 생물학적 절정기에 남들보다 뛰어난 외모는 특별한 이점이 있는 자원이긴 하다. 그러나 현대 사회는 평균수명이 길어지고 생활 방식이 다양해짐으로 인해 삶의 모든 면이 장기전 양상을 띠게 되면서, 지구력을 가진 자에게 더 많은 기회가 주어지고 있음을 기쁘게 생각하자.

다시 강조하는데 인간관계에서 외모의 중요성을 무시하거나 노력하지 않는 것은 어리석은 짓이다. 외모로 사람을 판단하는 것이 아주 불합리하다고만 할 수는 없다. 왜냐면 외모 상태는 자기 관리의 증거인 동시에 주변인들에게 던지는 메시지가 되기도 하기 때문이다. 이에 따라 외모 관리의 기준은 첫째, 타고난 조건 아래서 최적의 신체 상태를 유지하는 것, 둘째, 상황에 적절하고 효과적인 스타일을 연출하는 것이다. 우리가 적정 체중의 몸매를 선호하는 이유는 그것이 가장 쉽게 확인할 수 있는 건강의 표지이기 때문이다. 적정 체중을 유지하면 건강에 좋고, 건강한 생활 습관을 유지하면 자연스레 적정 체중을 유지하게 된다. 바람직하지 못한 유행을 쫓아 외모를 가꾸기 위해 건강을 희생하는 것은 바보짓이지만, 대부분의 경우 사람들은 최상의 건강과 위생 상태를 유지할 때 최상의 신체적 매력을 발휘할 수 있게 된다.

한편 상황에 맞는 옷차림과 정성들인 몸치장은 그 사람의 태도와 감각, 가치관을 대변한다. 옷차림은 의도와 관계없이 생각보다 많은 말을 한다. 다른 사람에게 호감을 갖게 되는 조건 중 '매력적 외모' 다음으로 중요한 것이 바로 '유사성'이다. 보통 사람은 타인에게서 자신과 비슷한 점을 발견했을 때 호감을 갖게 된다. 시대마다 패션에 유행이 있고 집단마다 선호하는 옷차림이 있는 이유이다. 또 사람이 누군가를 권위 있다고 판단하는 요건 중 '지위' 다음으로 중요한 것이 '옷차림'이다. 좀 어처구니없지만 사실이다. 잘 차려입었거나 제복을 입은 사람의 말은 내용과 관계없이 더 권위 있게 여겨지는 경향이 있다. 어떤 상대에게 혹은 특정 집단 안에서 무난히 호감을 사고 싶다면 그와 비슷한 옷차림을 하는 것이 좋다. 그러지 않고 튀는 차림을 한다면 '당신과 어울리는 것보다는 내 개성을 표현하는 것이 더 중요하다'는 메시지가 되거나, 상대의 성향을 제대로 파악하지 못했다는 감각 부족으로 해석될 수 있다. 단정하지 않고 흐트러진 옷차림은 자리에 임하는 성의가 부족한 것으로 해석될 수도 있고, 보이는 면에 무관심한 성격이라거나, 혹은 현재 정신적/물질적 여유가 없는 상황이라는 등으로 해석될 수도 있다.

핵심은 인간관계에 있어 외모의 관리와 연출은 그 자체로 하나의 자세이고 입장이므로 자신이 책임져야 하는 부분이고, 노력한 만큼 혹은 노력하지 않은 만큼 대가를 받게 된다는 것이다. '정치에 관심 없다'는 것도 엄연히 정치적 입장의 하나이고, 특정 입장의 관심만큼이나 공동체의 정치적 흐름에 중대한 영향을 미치며, 정치에 관심 없는 사람들이 많을수록 공동체의 유익에 관심 없는 사람들이 권력을 잡기 쉽다. 그 결과에 자신도 영향을 받게 되는 것과 마찬가지다. 외모에 관심을 안 두는 것은 자유이지만, 그렇다고 자신이 외모에 영향을 받지 않고 살아갈 수 있으리라 믿어서는 안 된다.

사랑은 특별하지 않다

이번에는 이 주제만으로도 해마다 책이 몇 백 종씩 쏟아져 나오는 인류의 영원한 테마, 이성관계<small>동성애자들의 경우에는 동성관계일 테고, 정확하게는 '성적인 관계'라고 해야겠지만, 어감이 별로인 듯해서 편의상 이성관계로 통칭한다</small>의 문제에 대해 간단히 짚어 보도록 하겠다. 인류의 영원한 테마라고는 하지만 이성관계에 관해 이렇게나 말이 많고 고민이 많은 것은 현대 사회의 시대적 특징이다. 현대에 들어서 우울증이 흔해지고 인간관계의 문제가 많아진 것과 똑같은 원리이다. 예전 시대에도 사람 사이에 로맨틱한 감정이나 사랑은 분명 있었지만, 개인의 삶이 사회 경제적 지위와 조건에 많이 묶여 있었기 때문에 선택할 여지도 고민할 필요도 별로 없었다. 자본주의 경제 활동과 마찬가지로 현대 사회에서 개인의 선택의 자유와 무한 경쟁이 이성관계에서 무한한 고뇌를 낳은 것이다. 신분의 차이를 뛰어넘은 사랑을 위해 죽음을 선택하는 일이 서로의 수많은 차이들을 극복하고 각자의 욕망을 조율하며 평생을 함께 살아가는 일보다는 쉬운 법이다.

또한 현대 사회에서는 지배적인 가치관이 사라지면서 '이성관계'와 '가족'이 개인이 마지막으로 의지할 수 있는 거의 유일한 무엇이 되어 버린 것도 문제다. 옛날에는 구원을 신에게서 찾았고, 나라에 충성하는 것이 개인의 존재 이유였는데, 요즘에는 나의 구원과 존재 이유를 '너' 아니면 '내 새끼'에서나 찾게 된 것이다. 이는 매우 위험한 일이다. 종교나 사상 체계, 국가 조직도 완전한 것은 아니지만, 개인은 이보다 훨씬 불안하고 연약한 존재이기 때문이다. 게다가 반대로 사회·경제적으로는 이성관계의 필요성이 점점 줄어들고 있다. 산업이 발달하고 분업화되면서 남녀가 반드시 짝을 이루고 살지 않아도 얼마든지 생계와 생활 문제를 해결할 수 있게 된 것이다. 그러니 점점 이성관계에서 정신적인 문제가 차지하는 비중은 높아지는데, 안타깝게도 개인은 결코 개인의 정신적 구원을 감당할 수가 없는 존재이다. 남녀가 만나 치명적인 문제가 안 일어나면 이상한 상황인 것이다.

따라서 이성관계의 문제를 대하는 가장 좋은 자세는 이성관계에 대한 특별한 의미 부여나 환상을 버리고 다만 인간관계의 문제로 대하는 것이다. 물론 특이점이 있기는 하지만 이성관계도 어디까지나 하나의 인간관계에 불과하다. 앞서 인간관계는 어려운 게 정상이라고 말했다. 이성관계도 당연히 어려운 게 정상이다. 진짜 심각한 문제는 이성관계가 상대만 잘 만나면 만사형통인 것처럼, 마치 다른 삶의 문제들을 다 해결해줄 수 있는 열쇠가 되는 것처럼 환상을 조장하는 풍조이다. 앞서 2장에서 살펴본, 현대인의 우울증을 조장하는 대중매체의 '희망 고문'과 똑같은 원리인 것이다. 인간관계는 원래 어려운 것이므로 연연할수록 문제가 생기는 것이 당연하다고 했다. 이성관계도 마찬가지다. 이성관계에 별 문제를 느끼지 않는 사람들은 그만큼 이성관계를 잘해서라기보다는, 거기 별로 연연하지 않기 때문일 가능성이 크다.

물론 남들보다 이성관계에 능숙한 사람들이 있다. 이성관계만의 특이점이라면 인간관계 가운데 가장 친밀한 관계에 속하며, 성적인 욕구를 매개로 한다는 점이다. 따라서 편안하게 느끼는 관계와의 거리가 남들에 비해 먼 즉 지나치게 친밀한 관계를 불편하게 여기는 성격이거나, 성적 욕구의 정도나 종류가 평균을 벗어난 사람들은 다른 관계에 비해 이성관계를 어려워하는 편이다. 그러나 이런 사람들도 자신의 성향을 분명히 파악하고 그 안에서 해결 방법을 찾는다면 그 문제가 행복에 결정적 장애가 될 정도까지는 되지 않을 것이다.

이성관계에서 심각한 문제를 느끼는 사람들의 원인은 크게 두 가지다. 첫째, 이성관계가 특별하다는 환상을 갖고 정상적인 인간관계의 법칙을 벗어난 상황을 기대하거나, 둘째, 이성관계가 인생, 불행에 있어 절대적으로 중요한 조건이라 여기는 경우이다.

이성관계에 특별한 점이 있는 것은 사실이지만 일반적인 인간관계의 법칙에서 벗어나는 특별함을 기대하는 것은 실패와 불만, 불행의 가장 결정적인 원인이다. 신뢰도 쌓기 전부터 무조건적인 헌신을 요구하는 식의 대중매체가 만들어내는 가당찮은 환상의 모델은 아마도 모성애일 것이다. 인간은 대부분 태어남과 동시에 모성애를 경험했고 그로 인해 살아남은 존재이기 때문에 그 사랑을 평생 기억하고 그리워하게 되어 있다. 그러나 일반적으로 생각하는 모성애도 하나의 이상적 모델일 뿐 현실은 아니라는 사실을 분명히 알아야 한다. 모성애와 같은 절대적 사랑이 가능한 것은 어디까지나 생존 본능에 따른 호르몬의 작용 덕분이다. 체질적으로 모성 호르몬의 영향을 강하게 받고, 개인적인 인성과 상황까지 뒷받침 될 때 비로소 우리가 생각하는 이상적인 모성애가 발휘될 수 있다. 이성 간에 합리적으론 설명할 수 없는 강력한 끌림이 생기는 것도 종족 번식의 본능에 따른 호르몬의 작용이른바 '케미' 탓이므로, 타고난 체질마다 다르고 영원할 수도 없다. 사랑을 영원하게 만드는 것은 '케미'가 아니다. 영원한 사랑은 인간적인 자질과 노력, 상황의 도움이 모두 갖춰질 때 비로소 가능해지는 것이다. 결국 다른 세상사와 다를 바가 없는 셈이다.

이성관계도 직장, 수입, 가족관계, 교우관계, 취미생활 등과 마찬가지로 인간사의 한 요소에 지나지 않는다. 개인 성향과 가치관에 따라 삶의 어떤 요소를 더 중요하게 여기는지 우선순위는 각기 다를 것이다. 만족스러운 이성관계가 누구에게나 행복한 삶을 사는 데 절대 없어서는 안 되는 조건인 것처럼 몰아가는 현 풍조에 휩쓸릴 필요는 없다.

지금 자신의 이성관계가 만족스럽지 않다면, 우선 다른 모든 일과 같이 공짜는 없다는 사실을 명심하고, 자신이 원하는 만큼의 결과를 얻으려면 어느 정도의 투자가 더 필요한지 가늠해 보자. 그리고 자신에게 그만큼의 투자를 더할 여유와 거기 따른 리스크투자한 만큼 반드시 건진다는 보장은 없으니까를 감당할 의지가 있는지 마음 속의 목소리에 귀를 잘 기울여 보자. 외모를 가꾸기도 귀찮고 자기 시간을 희생하기도 싫으면서 괜찮은 조건을 갖춘 헌신적인 이성과 좋은 관계를 갖길 바란다는 건, 우아하게 소설도 쓰면서 벤츠도 타고 싶은 것과 다를 바 없는 심보로서 결국 아무것도 이루지 못한 채 나 자신만 괴롭히게 된다.

사람이 원하는 모든 것을 가질 수는 없는 법이고 모든 것을 가져야만 행복할 수 있는 것도 아니다. 우선순위에 우선 투자하는 것이 최선이다. 이성관계가 자기 인생에서 우선순위가 아니라면, 투자할 마음도 없는 이성관계에 미련을 갖는 것보다는 이성관계의 우선순위를 나와 비슷하게 여기는 친구를 찾아보는 쪽이 행복한 인생에 훨씬 도움이 될 것이다.

화성에서 온 남자, 금성에서 온 여자? 남녀의 진짜 차이점

끝으로 이성관계에 좀 더 투자해 볼 의사가 있는 독자분들을 위해 실질적으로 도움이 될 조언을 하나만 하겠다. 시중에 남자는 이렇고 여자는 이렇고 하는 책이 많이 나와 있는데 사실 거의 쓸모가 없다. 앞서 얘기했듯 집단마다 평균적으로 성향의 차이가 있는 것은 맞지만 결국 중요한 것은 개인의 특성이기 때문이다. 게다가 남녀 간 성격 차이의 실제는 통설이나 선입견과는 꽤 다르다.

인간의 성격을 측정하는 다섯 가지 기준 외향성, 신경성, 성실성, 친화성, 개방성에 따라 수많은 표본을 측정, 분석한 결과에 따르면, 성별에 따른 유의미한 차이가 발견된 항목은 딱 한 가지였단다. 바로 '친화성'이다. 나머지는 남녀의 평균점수와 분포도가 거의 같았다. 즉 욕심이 많은지 겁이 많은지 성실한지 창의적인지 이 모든 분야에는 남녀의 선천적 차이가 없고, 차이가 있는 분야는 타인에 대한 공감, 인간 대 인간으로 관계를 맺는 능력, 딱 이것 하나뿐이란 얘기다. 다른 차이는 사회·문화적 관념이 만들어낸 가짜 차이이다. 그러니까 진짜 여자 같은 남자라고 하면, 보통의 편견처럼 외모에 신경 쓰거나 예민하거나 소극적인 남자가 아니라, 공감을 잘하고 사람을 잘 돌보는 남자라고 할 수 있다. 이밖에 여성은 언어 능력이 더 뛰어나고 남성은 공간지각 능력이 더 뛰어나다는 것도 사실이다. 그러나 이 특성은 성격이 아니라 지능의 영역에 속한다. 다만 언어 능력에서 보이는 차이는 친화성의 차이와도 관계가 있을 것이다. 스트레스를 받으면 남자들은 동굴에 들어가고 여자들은 반대로 대화를 원한다는 속설, 그리고 보통 남성들보다 여성들이 원하는 연락 횟수가 더 많은 것 등이 바로 이 차이에서 기인한 것이다. 극단적으로 친화성이 낮으면 자폐 혹은 사이코패스라는 성격장애의 범주에 들어가게 되는데, 실제로 두 분야에서 모두 여성에 비해 남성의 비율이 훨씬 높다.

높은 친화력은 문명 이전부터 여성이 아이를 낳고 키워야 하는 생물학적 특성 때문에 특별히 발달된 능력이다. 그에 비해 남자들은 사냥, 전쟁 등을 담당하면서 공감 능력보다는 경쟁, 대결하는 성향을 발달시켜 왔다. 문제는 인간의 생물학적 진화보다 문화문명적 진화가 훨씬 빨라서 현대 사회는 점점 경쟁이나 배척보다는 공감이나 돌봄이란 가치의 필요성과 수요가 더 많아지고 있다는 점이다. 이 때문에 대체로 남자들이 여자들보다 사회 변화에 적응하기 어려워하고, 경쟁에서 도태되는 비율도 높아지며, 부족한 사회성을 폭력성으로 보상받으려 드는 것이다. 서로 차이점을 이해하고 보완하면서 살아가는 것밖에는 답이 없다.

그러나 이 또한 평균적인 성향일 뿐 개인적 특성은 훨씬 다양하다는 것을 잊지 말자. 참고로 나의 성격은 친화성 수치가 남녀 평균의 딱 중간쯤, 그러니까 남자치고는 높은 편, 여자치고는 낮은 편에 속한다. 실제로 난 보통 남자들과의 관계에선 자주 그들의 눈치 없음과 무신경함에 한숨지으며 "남자들이란…."하고 불평하며 살지만, 여자 친구들 사이에 가면 좀 많이 구박받고 눈치 보면서 사는 편이다. 이런 성격 특성상 남성과 여성 모두와 편하게 어울릴 수 있고, 이성의 입장을 적당히 잘 대변해주는 중재자가 될 수 있다는 장점도 있지만, 양쪽에서 오해를 사기 쉽다는 단점도 있다. 나의 지인 중 보통 여자들 이상으로 친화성이 높은 성격의 남자분이 있는데 이 분도 이성, 동성 관계 모두에서 나와 마찬가지의 장점과 단점을 겪고 있다. 그래도 이렇게 남녀 간의 평균적인 성향 차이와 더불어 거기서 내 위치가 어느 정도 되는지 알고 있으면 실제 관계의 문제를 풀어가는 데 많은 도움이 된다. 당신이 원하는 만큼 연락을 자주 하지 않는다고 해서 그 사람이 당신을 사랑하지 않는 것은 절대 아니다. 정말이다! 바로 내 얘기라니까!

좋은 친구, 나쁜 친구 구별법

    자신이 속하는 공동체를 선택할 여지가 거의 없었던 예전 시대에 비해 현대인의 자유는 인간관계에 부담과 불만족을 느끼는 원인이 되기도 하지만 그만큼의 기회가 되기도 한다. 내가 속한 공동체와 어떤 관계를 유지하는지 만큼이나 내가 어떤 공동체에 속해 있는지 자체가 나의 행복과 발전에 지대한 영향을 미친다. 개인 성향에 따라 정도가 다르긴 하지만 공동체의 영향에서 완전히 자유로운 사람은 없다. 나 자신의 생각을 바꾸는 데도, 정서를 안정시키는 데도, 의지를 다지는 데도 공동체의 영향력은 매우 크다. 이를 분명히 알고 잘 활용하면 삶에 많은 도움이 된다. 내 목표에 도움이 되는 공동체를 찾아가자. 물론 가족이나 직장과 같이 마음대로 어찌기 어려운 공동체도 있다. 그러나 친구들이나 동호회, 종교 단체 등과 같이 내 뜻대로 선택할 여지가 있는 공동체들이 오히려 내 삶에서 중요한 변수가 될 수 있다. 담배를 끊고 싶으면 담배 안 피우는 사람들과 어울리는 것이 좋고, 남의 시선에 연연하며 살고 싶지 않으면 그런 사람들과 멀리해야 한다. 혼자 싸우는 것에는 분명 한계가 있다.

　자기 목적에 따라 공동체를 선택한다는 것에 거부감을 가질 수도 있다. 요는 필요에 따라 사람을 만나라는 말이 아니라, 내가 어울리는 사람들이 내게 영향을 준다는 것을 분명히 알고 만나라는 것이다. 때로는 관계를 맺고 유지하는 것보다 관계를 끊는 것이 중요할 때가 있다. 특히 고의적으로 신뢰를 깨거나, 나의 감정을 일방적으로 이용하려는 상대에게는 단호한 대처를 할 필요가 있다. 남의 신뢰나 감정을 이용하는 전략사람'이 아니라은 말하자면 기생충과 같은 것이다. 내 몸에 붙은 기생충을 내버려두면 나만 피해를 보는 데서 끝나는 게 아니라, 그 기생충을 살리고 번식시킴으로써 다른 사람들에게까지 피해를 주는 결과를 낳는다. 더 이상 만만히 기생할 사람이 없으면 기생충 전략을 쓰던 사람도 그 전략을 포기하게 된다. 따라서 결국은 그 사람의 성장을 위한 길이기도 하다. 머리로는 그만 거리를 둬야겠다는 결심이 섰는데 그러지 못하고 있는 관계가 있다면, 내 감정과 의지가 건강하지 못한 상태라 볼 수 있으니 우선 나 자신을 추스르도록 노력하자. 단 이것도 순환논리라서 건강하지 못한 관계는 빨리 끊는 것이 내가 건강해지는 데 도움이 된다.

　내가 기본적으로 건강한 정신 상태라는 전제 아래, 정신적 건강을 유지하기 위해 **멀리해야 할 사람들을 가려내는 몇 가지 요령**이 있다. 첫째, 내 뒤에서 나의 험담이나 비밀을 이야기하고 다니는 사람. 이건 너무 당연한 소리 같지만, 이런 사람들일수록 내 앞에서는 입안에 든 혀처럼 구는 재주가 있는 경우가 많기 때문에 설마 설마 하면서 빨리 벗어나지 못하기도 한다. 결단이 늦으면 정신적 피해 뿐 아니라 더 실질적인 피해를 입게 될 가능성도 있음을 명심하자. 증거는 두 번쯤이면 충분하다.

둘째, 나의 안 좋은 일에는 위로를 잘 해주면서, 나의 좋은 일에 기뻐하는 기색은 왠지 떨떠름한 사람. 옛말에는 어려울 때 친구가 진짜 친구라지만, 현대는 질시의 시대라 그런지 내게 좋은 일이 있을 때 오히려 진짜 친구가 가려지는 편이다.

셋째, 나의 진심어린 충고에 기분 나빠하는 사람. 물론 이것은 내 말주변이 부족한 탓일 수도 있다. 특히 많이 친하지 않은 사이에서는 아무리 선의에서라도 섣부른 충고는 실례다. 그러나 말주변 정도는 감안할 수 있는 관계에서 계속 이런 반응이 나온다면, 이유는 몰라도 나에게 비뚤어진 감정을 갖고 있을 가능성이 높으니 거리를 두는 게 좋다. 마지막으로 명백하게 위의 경우들에 속하는 사람에게 계속해서 끌려 다니는 사람이 있다면, 그와도 가까이 하지 않는 게 좋다.

단, 누군가와 거리를 두려 할 때는 노골적으로 티를 내지 않도록 한다. 어떤 이유에서건 일부러 사람과 거리를 두려 한다는 것은 미안한 일이라는 마음으로 최대한 예의를 갖추는 것이 좋다. 직접 대면할 때 표정과 말투는 늘 부드럽게 하고, 다만 연락이나 만나는 횟수를 조금씩 줄여 가는 식으로 하자.

이와 반대로 누군가와 가까워지고 싶다면? 누군가와 친해지거나 관심을 받고 싶은 경우에 가장 빠르고 확실한 길은 바로 그 사람의 일에 관심을 가져주는 것이다. 이것도 당연한 얘기 같은데 의외로 모르는 듯이 사는 사람들이 많다. 친해지고 싶은 마음으로 접근해서는 자기 얘기만 쏟아낸다. 극명한 예가 요즘 SNS이다. 다들 나한테 관심 가져 달라고 야단이다. 그러면서도 남의 일엔 관심을 잘 안 보인다. 보이는 척해도 진심이 아닌 경우도 많다. 그러면 아무리 노력해도 점차 고립된다. 친구들이 노는데 잘 안 부르고, 아무리 타임라인 도배해도 댓글이 잘 안 달린다. 이런 이들을 보면 안타깝다. 관심을 받고 싶으면 먼저 남의 일에 관심을 가져줘야 한다. 특정한 누군가의 관심이 필요하면, 그의 일에 먼저 진심으로 관심을 보여 주자. "나를 봐 달라"는 목적은 잠시 뒤로 미뤄두고, "내가 널 보고 있다"는 걸 알게 해라. 물론 내가 아무리 관심 보여줘도 계속 자기 얘기만 하는 이들도 있다. 이런 사람들한테는 내가 먼저 자연스레 질리기 마련이니 걱정 안 해도 된다.

싫어해도 괜찮아, 예의만 지키면

　인생사의 스트레스 중 많은 부분이 싫은 사람과의 피할 수 없는 관계 때문에 생긴다. 특히 가정이나 직장 등 벗어나기 어려운 공동체 안에 관계가 힘든 사람이 있을 때 우리의 정신적 건강과 행복이 위협받게 된다. 기본적인 문제 해결 요령이라면, 사람은 모두 다르고 다른 사람은 달라질 수 없다는 원칙을 유념한 채 갈등 상황과 상대방, 내 자신의 성격구조를 객관적으로 살펴보는 것이다. 이 장의 ☞실천 지침에 '성격 측정 테스트' 자료가 첨부되어 있으니 써먹으시라. 무엇보다도 제 3자의 솔직한 관찰기와 조언을 들어 보는 것이 큰 도움이 된다. 대부분의 사람들은 남의 일에 관해서는 놀랄 만큼 정확한 판단을 내리는 능력이 있다.

　이때 한 가지 주의할 점은 자신이 누군가를 싫어한다는 감정 자체에 죄책감을 가질 필요는 없다는 것이다. 의외로 이런 생각으로 자신을 더 괴롭히는 사람들이 많다. 분명한 사실은 노력으로 사랑은 할 수 있어도, 좋아는 할 수 없다는 것이다. 사랑이란 '그 존재를 소중히 여기고 그의 진정한 성장을 진심으로 바라는 마음'이다. 따라서 좋아하는 마음이 있어도 성숙한 의지가 없다면 진정한 사랑은 할 수 없다. 반대로 성숙한 의지가 있다면 좋아하지 않는 상대도 사랑할 수 있다. 원수를 사랑하는 일도 적어도 이론적으로는 가능하다. 보통 사람의 의지로도 원수를 사랑하기까지는 어려워도, 최소한 존중은 할 수 있다. 그런데 좋아하고 싫어하는 마음 자체는 기호이고 취향이고 타고난 본능이다. 익숙해지고 용납할 수는 있어도 일부러 바꿀 수는 없는 것이다. 고로 "네 원수를 사랑하라."는 몰라도 "네 가족을 좋아하라." 는 명령은 예수님이라도 하실 수 없다. 이걸 구별하지 못하면 쓸데없이 자학하게 될 수가 있다. 좋고 싫고는 아무도 단죄할 수 없으니 자신에게 솔직해지자. 누군가를 싫어해도 된다. 관계에서의 의무, 인간으로서의 예의만 잃지 않으면 된다.

　이와 같은 원리로 다른 사람이 자신을 싫어한다는 이유로 자존감에 상처받을 필요도 없다. 물론 누군가 나를 싫어하고 적대적으로 대한다면 기분이 좋지는 않겠지만, 일단 그 이유가 뭔지 잘 따져 봐야 한다. 의도치 않게 남에게 상처를 주는 면이 있다면 고치는 편이 좋다. 역시 제3자의 말을 들어보는 게 가장 도움이 된다. 다만 아무리 생각해도 자신이 특별히 잘못한 게 없고, 단지 내가 생겨먹은 것 때문에 미움을 사고 있다는 판단이 들면, 거기에 대해서는 그만 신경을 끄도록 하자. 세상에는 정말 많은 종류의 사람이 있다. 전지현 싫어하는 남자도 본 적 있고, 김수현 싫어하는 여자도 봤다. 제일 놀랐던 일이, 세상엔 심지어 감자튀김을 싫어하는 사람도 존재한다! 그러니 내 성격을 거슬려하는 사람이 있다는 게 뭐 그리 신기한 일이겠는가? 내가 뭐라고?

미친개는 피하는 게 상책, 성격장애 알기

다만 세상에는 서로 싫어하면서도 최소한의 인간적인 예의로써 상대방의 존재를 존중하며 무난히 어울려 살 수 있을 만큼의 인격을 못 갖춘 사람들이 꽤 존재한다는 것이 문제다. 그 정도가 아니라 아예 상식적으로는 도저히 이해도 상대도 할 수가 없는 사람들도 은근히 있다. 이렇게 '상식적으로 도저히 이해도 상대도 할 수 없는' 사람들을 '성격장애'라고 한다. 성격장애의 정의는 '현저하게 균형을 잃은 사고방식과 행동패턴으로 대인관계에 심각한 지장을 초래하는 성격'으로, 정신의학의 진단 기준에 따라 경계성, 자기애성, 히스테리성, 반사회성, 망상성, 분열형/분열성, 회피성, 의존성, 강박성 성격장애 등으로 분류된다. 각 증상마다 전체 인구에서 비율이 약 1~5퍼센트에 달한다니, 중복되는 경향이 있다고 해도 최소한 인구의 10% 정도는 성격장애의 범주에 드는 셈이다. 여기에 성격장애도 다른 정신질환과 마찬가지로 정상과 비정상의 경계가 명확한 것이 아니므로, '거의 성격장애'인 사람도 상당할 것이다.

핵심은 생각보다 성격장애가 흔하다는 것이다. 얼른 생각하면 성격장애를 가진 사람은 사회생활에 잘 적응하지 못하고 집구석 아니면 수용소, 병원 등에 있기 쉬울 것 같지만, 성격장애는 정신질환과는 달라서 인지능력은 정상이기 때문에 대부분이 격리될 정도는 아닐뿐더러, 오히려 정상인이 도저히 흉내 내기 어려운 에너지를 발휘하여 사회적으로 큰 성취를 이루는 경우도 많다. 성격장애란 한 마디로 정서적으로 균형이 심하게 깨진 상태인데, 본래 에너지는 균형이 깨진 상태에서 강해지는 법이다. 낙차가 클수록 떨어지는 힘이 커지고, 전자와 양자의 균형이 깨지면서 전기에너지가 발생하는 것처럼 말이다.

경계성, 자기애성, 히스테리성 성격장애인은 타인들에게 주목받고 인정을 받기 위해 정상인이라면 양심에 걸려서, 스트레스 받아서, 따돌림 받을까 두려워서 도저히 실행에 옮기지 못할 수단 방법까지 가리지 않는다. 강박성 성격장애인은 자신이 꽂힌 일에 정상인으로서는 감당하기 어려운 집요한 집중력을 발휘한다. 결국 놀라운 목표를 달성하는 경우가 많다. 유명한 정치가나 사업가, 연예인 등 이른바 '성공한 사람'들 가운데 거의 장애 수준의 극단적인 성격이 많은 것은 이런 이유이다. 역사에 남은 영웅, 예술가, 학자들의 일생을 살펴보면 성격장애가 의심되지 않는 사람을 찾기가 어려울 정도이다. 게다가 현대 사회의 특성상 성격장애를 가진 사람들이 활개치고 성공하기가 전보다 더 쉬워지기도 했다. 개인보다 공동체가 중요하던 시절에는 '튀는 성격'들은 숨어 있기도 어렵고 자리를 찾기도 어려웠다. 개인의 다양성을 인정받게 된 현대 사회의 그림자가 바로 성격장애의 득세인 셈이다.

여하튼 성격장애의 기준은 어떤 성격이든 그 때문에 주변 사람들이 지속적으로 고통을 받고 있는지의 여부이다. 성격장애를 가진 자신도 고통받는 경우가 많지만, 때로는 전혀 그렇지 않기도 하다. 따라서 성격장애를 가진 사람이 주변에 있다면 고통스러운 것이 당연하다. 성격장애의 힘으로 뛰어난 업적을 이룬 사람들은 인류에게 선물과도 같은 존재이지만, 이런 사람들도 가족이나 주변 사람에게는 재앙과 같은 존재였을 것이다. 성격장애 비율이 열 명 중 한 명이나 되는 만큼 이런 경우는 생각보다 많다. 인간관계는 어려운 것이 당연하다지만, 성격장애로 인한 고통은 삶에서 당연하게 감수해야 할 범위를 넘어선다. 10퍼센트의 불운이 나의 행복에 치명적인 장애가 되는 일을 막기 위해 성격장애에 관한 대략적인 공부는 꼭 해두라고 당부하고 싶다. 지금까지는 괜찮았다고 해도 살면서 언제 어디서 만나게 될지 모른다. 물론 자기 자신이 성격장애로 의심되는 경우가 가장 시급하고 말이다. 인간관계에 관해 빤한 조언을 늘어놓는 쓸데없는 책들보다 당장 성격장애에 관한 책을 찾아 읽으라! 심리학이나 정신의학 지식 없이도 편하게 읽을 수 있는 책도 시중에 많이 나와 있다.

그런 책의 저자들이 하나같이 충고하는 결론은 이것이다. 보통 사람이 성격장애를 가진 사람을 일 대 일로 감당하기란 불가능한 일이다. 괜히 오기를 부리거나 자책하는 일은 절대 금물이다. 피할 수 있으면 무조건 피하라. 피할 수 없다면 전문가의 도움을 받으라. 주변의 보통 사람들과 협력해 대응하라. 보통 사람의 무기는 숫자가 많다는 것이다.

▼

✔ 흔히 성격은 객관적으로 측정될 수 없다고 여기지만, 심리학자들의 연구 결과에 따르면 인간의 성격 특성은 신체적 특성과 마찬가지로 몇 가지 기준에 따라 측정될 수 있는 객관적이고 일관적인 성질로 밝혀졌다.

Q1 우선 다음 장의 테스트를 통해 나 자신의 성격 특성을 다섯 가지 기준에 따라 진단해 보자. 진단결과를 여기에 정리해두자.

_____

_____

_____

_____

Q2 다음으로 지금 내게 많은 영향을 주는 지인들의 성격을 진단해 보자. 직접 진단에 응하기를 부탁하기 어려운 사람이라면 내가 아는 대로 대강 수치를 그려 봐도 괜찮다. 진단결과를 여기에 정리해두자.

_____

_____

_____

_____

Q3 나와 관계가 좋거나 편하게 느껴지는 사람들과, 반대로 관계가 좋지 않거나 불편하게 느껴지는 사람들의 성격 특성을 잘 살펴보고, 어떤 공통점과 차이점의 패턴이 있는지 분석해 보자. 진단결과를 여기에 정리해두자.

_____

_____

_____

✔이 테스트는 〈성격의 탄생〉(대니얼 네틀 지음/김상우 옮김, 와이즈북, 2009)에서 발췌한 자료를 한국인들의 정서와 문화에 맞도록 문항의 표현을 다소 수정한 것이다. 원 자료는 뉴캐슬 대학교에서 개발한 '5대 성격특성' 평가도구 중 하나이다. 인종과 문화를 떠나 이 '5대 성격특성'을 모든 사람들에게 적용할 수 있으며, 성격점수의 결과는 상당히 정확하고 객관적이며 유용하다는 것이 많은 연구를 통해 증명되었다.

1단계 다음 12가지 문항에 자신이 대체로 어디에 속하는지 체크해 보고, 2단계의 지시대로 마지막 점수 칸에 점수를 매긴다.

	전혀 아니다	별로 아니다	그저 그렇다	약간 그렇다	매우 그렇다	점수
1. 모르는 사람에게 먼저 말을 잘 건다.						
2. 다른 사람이 편안하고 행복한 상태인지 확인한다.						
3. 그림, 글, 음악을 창작한다.						
4. 모든 일을 미리 준비하고 계획한다.						
5. 일상에서 우울한 기분을 느낀다.						
6. 회식, 파티, 모임을 기획한다.						
7. 철학적이거나 영적인 문제들을 생각한다.						
8. 사람들을 잘 놀리거나 비꼰다.						
9. 일이나 물건을 정리하지 않고 어지러운 채로 놔둔다.						
10. 스트레스나 걱정이 많다.						

11. 평소 어려운 단어를 사용하는 편이다.					
12. 다른 사람의 감정에 공감을 잘한다.					

2단계 다음의 기준대로 각 설문에 대한 점수를 위의 표 '점수' 칸에 적는다.

1~7번, 10~12번의 점수	8~9번의 점수
전혀 아니다 = 1	전혀 아니다 = 5
별로 아니다 = 2	별로 아니다 = 4
그저 그렇다 = 3	그저 그렇다 = 3
약간 그렇다 = 4	약간 그렇다 = 2
매우 그렇다 = 5	매우 그렇다 = 1

3단계 다음을 보고 각 문항의 점수를 합산해 5대 성격특성에 대한 자신의 점수를 매기고, 아래 '성격 점수 해석'의 기준에 따라 '성격 해석' 칸을 채운다.

성격특성	다음 문항의 점수를 합산	내 점수	성격 해석
외향성	1번 + 6번		
신경성	5번 + 10번		
성실성	4번 + 9번		
친화성	2번 + 8번 + 12번		
개방성	3번 + 7번 + 11번		

※ '친화성' 항목의 경우 성별에 따라 평균 점수의 차이가 커서 비교하는 기준이 아예 별도로 있다.

외향성 / 신경성 / 성실성	개방성	일반적인 친화성 (성별 기준 없이)
2~4점 : 낮음	8점 이하 : 낮음	10점 이하 : 낮음
5~6점 : 중하	9~10점 : 중하	11~12점 : 중하
7~8점 : 중상	11~12점 : 중상	13점 : 중상
9~10점 : 높음	13~15점 : 높음	14~15점 : 높음

남성의 친화성 (다른 남성들과 비교할 경우)	여성의 친화성 (다른 여성들과 비교할 경우)	
9점 이하 : 낮음	11점 이하 : 낮음	
10~11점 : 중하	12~13점 : 중하	
12~13점 : 중상	14점 : 중상	
14~15점 : 높음	15점 : 높음	

✔ 인간사의 모든 문제는 궁극적으로 관계의 문제라 해도 과언이 아니다. 성공적인 인간관계는 그 자체로서 삶의 핵심 가치인 동시에, 다른 모든 문제를 해결하는 열쇠이기도 하다.

Q1 개인적으로 현재 개선하고 싶은 인간관계가 있는가? 생각나는 대로 적어 보자.

_____

_____

_____

_____

Q2 우선순위를 매겨서 가장 시급하게 느껴지는 과제를 한 개만 고른다.

_____

_____

_____

Q3 가장 우선적으로 관계를 개선하고 싶은 상대방의 성격 특성을 5가지 기준에 따라 측정해 보자.

✔성공적인 인간관계를 위해 특히 주의할 점은
첫째, 사람의 됨됨이에 대해 선입견으로 판단해서는 절대 안 된다.
둘째, 인간관계는 어려운 게 정상이라는 사실을 명심한다.
셋째, 다른 사람이 달라질 것이라고 기대해서는 안 된다. 내가 달라지는 편이
가장 빠르고 확실한 길이다.

Q 위의 세 가지 사항을 염두에 두고, 나의 최우선적 인간관계 개선 과제를 위한
실천 전략을 짜 보자. 구체적인 전략 포인트는 표 왼쪽 항목을 보면 된다.

전략 포인트	실천 과제 (내가 노력해볼 수 있는 사항)
감정적 지불	
절차적 합의	
외모, 옷차림 관리	
말하기 요령	

✔ 궁합이나 기호는 노력한다고 바꿀 수 있는 것이 아니므로 자신이 누군가를 싫어한다는 감정 자체에 죄책감을 가질 필요는 없다. 마찬가지로 다른 사람이 자신을 싫어한다고 자존감에 상처받을 필요도 없다. 잘 맞지 않는 사람끼리도 인간적인 예의와 존중하는 마음만 갖추면 무난히 공존할 수 있다.

Q1 주변에 특별히 이상한 사람은 아닌데 나한테 묘하게 거슬리고 안 맞는 사람이 있는가?

_____

_____

_____

Q2 그 사람의 성격 특성을 5가지 기준에 따라 파악하고 내 성격 특성과 비교 분석해 보자. 관계가 불편한 주요한 이유가 어디 있다고 생각되는가?

_____

_____

_____

Q3 그 사람과 나와의 관계에 대해 솔직한 조언을 구할 수 있는 제 3자를 찾아 이야기를 들어 보자. 나 자신의 분석과 어떤 공통점과 차이점이 있는가?

_____

_____

_____

✔️극단적인 성향으로 주변 사람들에게 지속적인 고통을 주는 성격을 '성격장애'라고 한다. 성격장애의 비율은 인구의 약 10%로 생각보다 흔해서 누구나 일생에 한 번쯤은 마주치게 된다. 따라서 각종 성격장애에 관한 공부는 꼭 해두는 것이 좋다. 보통 사람으로서는 아무리 노력해도 성격장애를 가진 사람을 감당할 수 없으니 피하는 것이 상책이다. 여의치 않으면 전문가의 도움을 받거나, 주변 사람들과 협력해 대응하라.

Q1 내 주변에 성격장애로 여겨지는 사람, 즉 많은 지인들에게 두루 상식을 벗어난 사람으로 평가받는 사람이 있는가?

Q2 성격장애에 관한 책을 한 권 이상 찾아 읽고 다음 질문에 답해 보자. 위의 사람이 실제 성격장애의 범주에 해당한다는 판단이 드는가? 그 정도는 아니라도 성격장애의 다양한 유형들 중 어느 계열과 비슷한지 감이 잡히는가? 적으면서 정리해보자.

Q3 전문 서적에서 알려주는 대처법을 나의 경우에 어떻게 활용할 수 있을까? 적으면서 정리해보자.

PART.7

내 입 사용 설명서
[일곱번째 새로고침]

침묵해야 하는 이유

세 치 혀의 중요성에 관해서는 시대와 장소를 막론하고 교훈과 격언들이 넘쳐난다. 하물며 더 나은 삶을 고민하며 책을 펼쳐들고 있는 사람에게야 더 말하면 잔소리일 것이니 바로 본론이자 본 장의 결론으로 들어가겠다. 인생의 진수가 인간관계라면 인간관계의 진수는 말이고, 말의 진수는 바로 침묵이다. 말을 잘하는 법을 훈련하려 할 때 가장 먼저 할 일은 입을 다물어야 할 때를 배우고 다무는 법을 익히는 것이다. 아무리 말을 잘한다 해도 끊어야 할 때 끊지 못하면 아예 안 하느니만 못하다. 자동차 운전석에 앉았을 때 제일 먼저 체크해야 할 것이 브레이크인 것과 같다. 아무리 운전 실력이 좋아도 브레이크를 제때에 밟지 못한다면 사고로 이어질 수밖에 없다.

어느 경우에나 침묵이 옳다는 뜻은 아니다. 때로 침묵은 비겁한 선택이 되고, 완전치 못하다 해도 한 마디 말을 먼저 던지는 용기가 귀한 경우도 있다. 그러나 대부분의 경우에는 침묵이 답이다. 말을 해야 할지 말지 고민이 될 때는 하지 않는 편이 좋다. 언제나 하지 않는 편이 더 좋다는 게 아니라, 확률 상 그게 낫다는 말이다. 우리가 말해야 할 때와 말하지 않아야 할 때를 매번 정확하게 구별할 수 있으면 좋겠지만, 그럴 능력이 안 되기 때문에 원칙을 정해 두고 따르는 게 최선이다. 그 원칙을 '말을 하지 않는 쪽'으로 정해야 하는 이유는 세 가지가 있다.

첫째로 대부분의 사람은 생각난 말은 입 밖으로 내고 싶어 하는 본능이 있기 때문에 고민이 된다는 것 자체가 입을 다무는 게 좋을 확률이 높다는 증거이다. 둘째, 대부분의 경우 말은 안 해서 나는 탈보다는 해서 나는 탈이 훨씬 크기 마련이다. 말을 안 해서 문제가 되었다면 나중에 어느 정도라도 수습할 기회가 있을 가능성이 있지만, 하지 않아야 할 말을 해서 문제가 되었다면 대개 수습할 길이 없다. 셋째, 인간관계에는 좋은 말을 하는 것보다는 나쁜 말을 하지 않는 게 더 중요하다. 건강을 지키려면 몸에 좋은 걸 먹는 것보다 몸에 안 좋은 걸 안 먹는 게 더 중요하고, 일을 똑바로 하려면 좋은 습관을 들이는 것보다 나쁜 습관을 안 들이는 게 더 중요하고, 인맥 관리를 잘하려면 마당발이 되는 것보다 적을 안 만드는 게 더 중요한 것과 같은 원리이다.

이쯤에서 매 장마다 빼놓지 않는 '타고난 면'에 대해 짚고 넘어가자. 언어 능력에도 분명 유전의 영향이 크다. 다만 사람의 의사소통에는 언어적 소통과 비언어적 소통_{표정, 말투, 몸짓 등}이 따로 있어서 이 두 가지 소양이 꼭 일치하지는 않는다. 언어 능력은 전두엽에서 담당하고 비언어적 소통 능력은 감정에 관련된 뇌의 더 깊은 영역에서 담당한다. 양쪽 영역 모두 평균적으로 남성보다 여성이 더 발달한 편이다. 언어 능력이 뛰어난 사람은 보다 정확하고 효과적으로 상대방의 의사를 파악하고 자기 의사를 전달하며, 공동체의 분위기와 타인의 감정을 자기 뜻대로 움직이는 데도 능숙하다. 그러나 중요한 점은 언어 능력은 다른 그 어떤 능력보다도 타고난 소질에 비해 노력으로 보완할 여지가 크다는 것이다.

그 이유는 첫째, 언어 능력은 그 자체로 양날의 칼이기 때문이다. 사실 노래를 잘 한다든지 운동신경이 좋다든지 길을 잘 찾는다든지 하는 재능은 그 자체로 특별히 단점이 될 일이 별로 없다. 그러나 말을 잘하는 재능은 다르다. 언어적 재능을 타고났다는 건 잘 드는 칼을 쥐고 태어난 것과 같다. 칼을 능숙하게 다루는 법을 익히면 대단한 무기가 되지만, 잘못하면 자신과 남에게 치명적인 상처를 낼 수 있다. 반대로 언어 능력이 떨어지는 사람은 날이 무딘 칼을 가진 것과 같다. 인위적인 노력으로 칼날을 벼리기는 쉽지 않다. 그러나 칼을 안전하게 잘 다루는 법은 반드시 대인관계를 통한 경험으로 익혀야만 하며, 인격과도 직접 결부된 대단히 복잡한 기술이다. 무딘 칼날도 기술을 연마하면 나름 효과적으로 사용할 수 있다. 그래도 예리한 칼날에 비하면 노력 대비 성과가 적기 때문에 무딘 칼날을 가진 사람은 그것에 집착하기보단 다른 무기 쪽에 더 신경을 쓰게 되며, 혹 실수할 때도 피해가 적다. 말 잘하는 사람이 말로 흥했다 말로 망하는 예는 쉽게 볼 수 있다. 말 못하는 사람도 말실수를 할 수 있지만, 그 피해는 말 잘하는 사람에 비할 바가 아니다.

말은 너무나 뛰어난 무기이기 때문에 남용의 유혹에 빠지기도 쉽다. 차라리 말재주를 못 타고난 걸 속 편하게 여기라 할 수도 있을 정도이다. 기왕 말재주를 타고났으면 그걸 안 써먹기는 뭣한데, 거기 따르는 문제가 보통 복잡한 게 아니다. 말재주가 없다면 오히려 방법은 간단하다. 그냥 입을 다물면 된다. 인간관계에서 말이 적어 손해 볼 일은 많지 않다. 특히 한국 문화에서는 더 그렇다. 오히려 말을 잘해도 말이 너무 많으면 그 자체로 손해를 볼 수 있다. 간혹 말주변도 없으면서 말이 많은 사람을 볼 수 있는데, 그 경우가 최악이라 하겠다. 이런 사람들은 언어 능력은 물론 비언어적 소통 능력도 떨어지는 사람들이다. 자기 말에 다른 사람들의 반응이 안 좋다는 걸 읽지 못하니 계속 떠들게 되는 것이다. 이런 경우는 정말 답이 없지만, 그리 흔한 경우는 아니고 많이 안타까워할 일도 아니니 넘어가자. 대개는 말 잘하는 사람이 말이 많고, 말 많은 사람이 말을 잘하는 경우가 많다. 뭐든 잘하는 걸 많이 하게 되고, 많이 하다 보면 잘하게 되는 법이니까…. 성격도 중요한데, 외향성이 높은 사람들이 말이 많은 편이다.

침묵을 연습하는 법

말이 많다고 무조건 나쁜 것은 물론 아니고 사람 사이에서는 잘 떠드는 역할도 분명 필요하다. 그러나 말을 지금보다 좀 더 잘하고 싶은 생각이 있다면, 말수를 줄일 생각부터 하라. 남들에 비해 말수가 많은 편이 아니라 해도 일단 쓸데없는 말을 줄이는 것부터 초점을 맞춰야 한다. 청소의 시작은 안 쓰는 물건 정리하기, 글다듬기의 기본은 중복되는 단어와 쓸데없는 수식어 빼기인 것과 마찬가지다. 쓸데없는 말을 최대한 줄여야 내 말에 집중도가 높아지고, 짜임새가 생기고, 설득력이 높아진다. 말이 많으면 존재감이 생기는 건 확실하지만, 그 존재감을 받쳐줄 만한 역량이 안 되면 부정적인 존재가 된다. 입을 다물어야 할 때 다무는 것 또한 대화의 역량이다.

말수를 줄이는 게 중요한 또 다른 이유는 그래야 남의 말을 들을 여유가 생기기 때문이다. 말을 잘하고 싶다면 남의 말을 잘 듣는 게 제일 중요하다. 글쓰기의 기본이 책읽기인 것과 같다. 글을 잘 쓰고 싶다며 내게 조언을 구하는 이들 가운데 가장 황당한 경우가 책은 많이 안 읽으면서 자기 글 쓰는 데만 시간을 들이는 사람들이다. 단언컨대 그렇게 해서 작문 실력이 늘기란 절대 불가능하다. 노래를 잘하고 싶으면 남의 노래를 많이 들어야 하고 그림을 잘 그리고 싶으면 남의 작품을 많이 봐야 한다. 말하는 재주를 연마하고 싶거나, 당장 이 자리에서 대화를 잘 끌어가고 싶거나, 비결은 우선 다른 사람의 말에 귀를 기울이는 것이다. 유재석이 최고의 진행자인 이유를 생각해 보자. 유재석은 분명 말재주가 뛰어나고 말이 많지만, 그를 모두가 좋아하는 이유는 바로 남의 말을 잘 듣고 받아주는 재주 때문이다.

많은 경우 사람들이 떠들어대는 이유는 특별히 할 말이 있어서가 아니다. 자신에게 주의를 집중시키고 싶거나, 아니면 침묵 상태가 불안하기 때문이다. 실은 이것도 타고난 성격적인 측면이 크긴 하다. 어떤 사람들은 입을 다물고 있는 상태를 편하게 느낀다. 그러나 말버릇은 한편으론 '습관'이기도 하다. 만약 당신이 말을 잘하고 말하기를 좋아하는 사람이라면, 좋다. 타고난 특기를 잘 발휘해서 사람들 사이의 분위기를 유쾌하게 만들어 주고 인기를 끌어 보자. 그러려면 당신은 말수를 좀 줄여야 한다. 모든 버릇은 내버려두면 나쁜 쪽으로 가려는 성질이 있다. 떠들고 싶은 대로 다 떠들지 말고 일부러 입을 좀 다물고 있는 습관을 들이자. 분위기가 어색해질까 봐, 주목받지 못할까 봐 불안한 마음을 잠시 눌러두고, 근질근질한 입에 지퍼를 채운 채 다른 이들의 말에 귀를 기울이면서 분위기가 어떻게 흘러가는지 관찰해 보자.

생각보다 재미있을 것이다. 모처럼 떠들 차례를 얻어 평소 잘 보이지 않던 속을 드러내는 사람도 있을 것이고, 늘 떠들던 애가 웬일이지하고 당신 눈치를 보는 사람도 있을 것이다. 잠시 흐름을 관찰하다 보면 어디서 어떻게 치고 들어가면 호응도가 높을지 전보다 더 잘 보일 것이다. 다른 누군가가 쉴 틈 없이 떠들어서 모두의 주목을 독차지하고 있다면? 입을 다물고 있는 이들이 그런 이를 바라보는 미묘한 기색이 어떤지 확실히 느끼면 다음부터는 그렇게 혼자 떠들 마음이 싹 사라질 것이다. 정말 말을 잘하고 분위기 띄우는 솜씨가 좋은 사람이라 해도 어떤 자리에서든 한 사람만 일방적으로 떠드는 걸 원하는 이는 없다. 함께 자리한 사람들이 당신도 입을 열기를 원하는 눈치일 때 비로소 입을 열어 보라. 주목도가 남다를 것이다. 이런 재미를 한 번 보면 말수 줄이는 습관을 붙이려 노력할 '동기'가 생긴다.

다시 말하지만 말이 많다고 무조건 나쁜 게 아니다. 말수를 한없이 줄이라는 얘기가 아니다. 지금보다 '조금만 덜' 말하라는 얘기다. 그럼으로써 대화의 질이 달라지는 게 느껴지면, 적정한 말수가 얼마쯤인지도 감이 서서히 잡힐 것이다. 하나 덧붙이면, 누구라도 말이 항상 똑같이 많거나 말이 똑같이 적어서는 대인관계에 별로 메리트가 없다. 상황에 따라, 혹은 별 이유 없이도 가끔은 의외로 말이 많기도 하고 적기도 해야 사람들의 관심과 호의를 받기 쉽다. 요는 늘 아무 생각 없이 습관적으로 떠들지 말고, 의도적으로 말수를 조절해 보라는 것이다. 그래야 자신의 대화 습관에 대해 객관적으로 파악할 수도 있고, 필요하면 습관을 고칠 수 있다는 자신감도 생긴다.

상황에 따라 내가 좀 떠들어주는 게 좋을 수도 있고 자제하는 게 좋을 수도 있지만, 무조건 입을 다무는 편이 좋은 몇 가지 경우는 꼭 명심해 두자. 첫째는 자리에 나보다 지위나 연령대가 낮은 사람이 많을 경우, 즉 내가 '꽤나 윗사람'에 속할 경우이다. 우리나라는 위계질서와 권위주의가 강한 사회라서 어느 자리든 윗사람이 마음만 먹으면, 아니 주의하지만 않으면 자연스레 대화를 독점하는 현상이 생기기 쉽다. 아랫사람은 눈치를 보느라 입을 열 기회를 찾지 못하고, 윗사람은 발언을 독점함으로써 고독을 해소하고 존재감을 과시하려 한다. 그럴수록 윗사람은 점점 더 고독한 '민폐 진상'이 될 뿐이란 사실을 아랫사람일 때는 누구나 알고 있을 텐데, 정작 자신이 윗사람이 되면 그걸 잊어버리기 쉽다. 윗사람으로서 할 말도 하면서 아랫사람들과의 대화도 활발히 이끌어 가는 기술이 있으면 좋겠지만, 우리 실정에서 그건 어지간한 고수 아니고선 힘든 일이다. 간단히 입을 닫자. '나이가 들수록 대접받고 싶으면 입은 닫고 지갑은 열라'는 말이 있다. 조금 슬퍼지기도 하는 말이지만, 내가 아랫사람이 된 입장에서 생각해 보자. 참고로 도저히 입은 못 닫겠다 싶은 날이면 지갑이라도 활짝 열자.

둘째로 내가 감정이 격해져 있는 상태에서는 무조건 입을 닫자. 상대가 감정이 격해져 있을 때라면 경우에 따라 다르다. 감정이 격해져 있을 땐 무슨 말을 해도 안 통하는 사람이 있는가 하면, 상대가 아무 말 않는 것을 더 나쁘게 받아들이는 사람이 있다. 그런 경우라도 내가 감정이 너무 격해져 있다면 입을 다무는 편이 낫다. 감정이 격해진 상태에서 말을 현명하게 할 수 있는 사람이란 거의 없다. 더 중요한 건 막말을 뱉음으로 감정을 풀 수도 없다는 사실이다. 화를 낸다고 화가 풀리지 않는다는 건 과학적으로 증명된 사실이다. 오히려 화를 낼수록 화가 더 난다고 한다. 물론 쌓인 감정은 풀어야 한다. 그러나 그것은 감정이 완전히 나를 지배하는 상태를 벗어나 감정을 관찰하고 조절할 수 있는 상태에서 가능한 것이다.

감정이 나를 지배하고 있을 때는 우선 나와 주변에 최대한 피해가 덜 가는 방식으로 감정을 달래서 그 상황을 넘겨야 한다. 우는 것이 가장 좋다. 울면 실제로 마음을 푸는 데 도움이 되고, 어쩌면 상대방의 마음도 누그러뜨릴 수 있다. 아니면 일단 자리를 피해 뭐라도 하면서 마음을 달래라. 평소 자제하고 있던 폭식을 한 번쯤 하는 것도 좋고, 혼자만 볼 수 있는 곳에 실컷 욕을 쓰는 것도 좋다. 제발 SNS다가는 올리지 마라! 어쨌든 그 상태에서 상대에게 막말을 하면 안 된다. SNS는 더욱 하지 마라! 그러느니 차라리 망가뜨려도 되는 물건을 던지거나 물론 사람을 향해서는 말고 그냥 뜻 없는 괴성이라도 지르는 편이 낫다. 이성을 잃은 상태에서 내뱉는 말들은 돌이킬 수 없는 흉기가 될 확률이 크다.

누구나 그런 경험이 있을 것이다. 감정이 격해지면 순간 머릿속에 천만 가지 험한 말들이 떠오른다. 그러나 일단은 입을 꾹 다무는 습관을 들여라. 말이야 지금 당장 아니라도 언제든 할 수 있다, 조금 더 야무지게 독한 말을 떠올려 보자는 생각으로 이를 악 물어서라도 입 열기를 최대한 늦춰라. 처음에는 무척 힘들겠지만 한 번만 해 보라. 그리고 나중에 감정이 가라앉은 후 돌아보면 십중팔구 그때 그 말을 안 내뱉길 얼마나 잘했는지 하고 가슴을 쓸어내릴 것이다. 그런 경험이 쌓이면 '화날 때 입 다물기' 습관을 들일 동기가 충분히 생긴다.

상담의 비법:
남의 말이 다 맞다

내 입 사용 설명서의 가장 기본인 입 다물기의 중요성과 요령을 숙지했다면, 이제 일상의 구체적인 상황들에 따른 말하기 요령을 알아보자. 첫 번째로 상담자가 되어줄 때의 요령이다. 여기서 상담이란 거창한 게 아니고 지인들의 고민이나 하소연 등을 들어주는 일을 말한다. 누구나 일상에서 가장 흔히 접하는 진지한 대화일 것이다. 별 일 아닐 것 같은데 은근히 이런 상황에서 진 빠지고 빈정 상하는 경우가 많다. 누군가 내게 자신의 고민과 어려움을 털어 놓을 때, 어떤 관계에서든 일반적으로 적용할 수 있는 상담의 원칙들을 짚어 보겠다.

다른 모든 대화도 그렇지만 상대의 이야기를 들어주는 것 자체가 가장 중요하다. 아니 상담의 경우에는 '들어주기'가 거의 전부라고 보면 된다. 말이 상담이지 대부분의 사람들은 구체적인 답을 원하는 게 아니다. 사실상 인생에서 부딪치는 고민들엔 딱히 정답이 없는 경우가 많다. 개인의 선택일 뿐이고, 사람들은 그저 결정을 내리기까지 힘겨운 자기 마음을 호소하고 싶은 것뿐이다. 간혹 정말로 의견을 원하거나 대신 해결해 주기를 바라는 경우도 있지만, 그런 경우에도 일단 말을 끝까지 경청해 주는 게 우선이다. 특히 내담자가 여성인 경우, 화제가 가족, 친구, 연애 문제인 경우는 맞장구 말고 다른 답은 아예 안 하는 게 안전하다고까지 말할 수 있다.

그럼에도 불구하고 자꾸 내 의견을 강하게 말하고 싶어 견디기 힘든 심정도 이해한다. 왜냐면 남의 고민이란 게 제삼자의 입장에서 보기엔 너무나 미련하고 답답한 경우가 많기 때문이다. 게다가 내담자가 대화를 이미 자기 마음속에 정해 둔 답으로 유도하는 과정이 빤히 보이는데, 일명 '답정너'='답은 정해져 있고 너는 말만 하면 돼' 그 답이 내 눈에 빤한 오답이라면, 차라리 눈 딱 감고 '넌씨눈'='넌 씨X 눈치도 없나'이 되어 버리고픈 심정이 굴뚝같을 것이다. 이럴 때 고민 상담이 서로에게 상처만 남기고 끝나지 않도록 하기 위한 요령은 다음과 같다.

첫째, 충분히 상대가 자기 심정을 쏟아 놓을 때까지 기다려 주는 것은 기본이고, 중간에 입이 근질거린다면 섣불리 조언을 하기보단 차라리 예리한 질문을 던져라. 내담자가 마음 속에 정해둔 답을 스스로 이야기하도록 유도하는 것이다. 대화가 '답정너'로 끝나면 허무하고 '넌씨눈'으로 끝나면 억울한데, 이렇게 제 입으로 답을 말하게 하면 양쪽 모두 뒷맛이 훨씬 개운하다. 나도 일반적인 여성들처럼 공감해 주기보다는 남성들처럼 구체적인 해결책을 주길 좋아하는 성격이라 여성 동지들과의 대화에서 어려움을 많이 겪어 봤는데, 이 '질문하기' 전략이 효과가 꽤 좋다. 질문에 성실한 답을 하지 않거나 못하더라도 이 과정은 내담자가 스스로의 마음을 돌아보고 정리하는 데, 그리고 상담자가 적절한 조언의 내용과 때를 찾는 데 큰 도움이 된다.

둘째, 고민을 들어보고 나서 정리한 조언의 내용이 '답정너'와 같으면 다행인데 다를 경우라면, 자신의 의견을 분명히 밝히되 여러 번 말하지 말고 잔소리나 핀잔으로 들리지 않도록 한두 번만 강하게 말한다. 그리고 상대방이 자기 의견대로 따를 것이란 기대는 접어둔다. 진심과 애정을 담아서 분명히 말한 충고라면 당장은 귓구멍으로 들어가지도 않은 것 같아도 마음 속에 남아 있다가 결정적 순간에 영향력을 발휘하게 되어 있다. 끝끝내 안 듣고 일을 다 말아먹고 나서라도 그 조언은 이후 그 사람의 인생관과 나와의 관계에 영향을 미친다. 그 영향을 나쁘게 만들지 않으려면 "그러니까 내가 뭐랬냐?" 따위의 말은 안 하는 게 좋다. 굳이 말 안 해도 상대가 더 잘 알고 있다. 물론 내 억울한 마음도 풀어야 하고 너무 모른 척하면 오히려 상대가 민망해할 수도 있으니까, 분위기 봐서 부드러운 말투로 한두 번만 언급하자.

셋째, 고민을 들어 주면서 나도 감정과 기운이 소모되고 있다는 것을 상대가 아주 모르게 하면 안 된다. 상대가 힘들어한다고 나도 힘든 걸 꾹꾹 참고 있다 보면 결국 상담의 질도 떨어지고 관계에도 안 좋은 영향을 준다. 사실 이 문제는 상대방의 상황보다는 성격에 영향을 많이 받는다. 아무리 힘든 상황이라도 자신의 하소연이 다른 사람에게 부담이 될까 봐 배려하는 사람이 있는가 하면, 자신이 조금만 힘들면 남의 기분은 전혀 아랑곳 않는 사람도 있다. 후자의 경우에는 눈치를 줘도 별 소용이 없고, 오히려 유세를 부린다거나 자신에게 불만이 있다거나 하는 안 좋은 쪽으로 해석될 여지도 있으니, 듣는 나도 힘들다는 사실을 분명하게 말로 해 주는 것이 좋다. 이때 말투는 짜증내거나 하지 말고 하소연하는 투가 좋다.

이상의 요령들을 내가 남에게 고민을 이야기하는 입장이 되었을 때도 잊지 않도록 한다. 힘들 때 서로 격려하고 돕고 사는 것이 인지상정이지만 이 과정에서 지나친 민폐를 끼치는 것은 장기적인 관계에 독이 된다. 누군가에게 고민을 이야기할 때는 무조건 친한 순서대로 찾아갈 것이 아니라 성향을 따져 적당한 상담자를 찾아가는 것이 좋다. 공감과 위로가 필요하면 감정이 풍부한 사람을, 구체적인 해결책을 듣고 싶으면 냉철한 사람을 찾아가자. 그리고 당장 마음에 와 닿지는 않더라도 대부분의 경우 '남의 말이 다 맞다'는 원칙을 늘 유념하자. 남들도 다 자기 인생 사느라 바쁘고 힘들다. 비록 반응이 내 입맛에 맞지 않더라도 자신의 귀중한 시간과 에너지를 들여 내 이야기를 들어 준다는 것만으로도 상대에게 감사한 마음을 갖자. 이런 자세만 잊지 않아도 힘든 사연을 함께 나눌 수 있는 사람들이 주변에 늘 넘쳐날 것이다.

설득의 비법:
숨은 의중 파악하기

누군가의 마음을 움직이려 할 때도 일단 상대방의 이야기를 충분히 들어주는 것이 가장 중요하다. 내 의견이 옳다는 것을 논리적으로 얼마나 잘 증명하는지는 별로 중요하지 않다. 사람의 마음을 움직이는 데는 논리보다 감정의 영향이 훨씬 크기 때문이다. 상대의 말에 동의할 수 없다 해도 일단 진지한 태도로 경청해야 한다. 그래야 상대의 감정을 좋게 만들 수 있고, 또 그 의중을 정확히 파악할 수 있다. 사람들의 주장이나 요구에는 의외로 표면적인 내용과는 다른 욕구가 숨어 있을 때가 많다. 이것을 파악하면 설득은 훨씬 쉬워진다. 내가 직접 겪은 일을 사례로 들어 보겠다.

얼마 전 내 여동생이 새로 차를 구입하려는데 수입차를 사고 싶어 했다. 그런데 아빠는 동생이 국산차를 사길 원하셨다. 동생은 성인이고 안정적인 수입이 있는 직장인이니 자기 돈으로 원하는 차를 사는 데는 문제가 없다. 그러나 워낙 사이좋은 부녀지간인지라 동생은 굳이 아빠가 반대하는 차종을 사는 것은 마음에 걸리고, 또 수입차는 아무래도 비교적 고가인지라 아빠가 예산을 좀 보태 주셨으면 하는 마음도 있었기에 고민에 빠졌다. 우리 아빠는 원래 자녀들의 선택에 대해 좀처럼 왈가왈부 하시는 분이 아닌데, 이상하게 그 일에는 반대가 심하셨다. 몇 번의 협상에 실패한 아빠와 동생은 둘 다 나를 붙잡고 서로를 설득해 달라고 부탁하기 시작했다. 양쪽에서 들볶이는 샌드위치 신세가 된 나는 난감해졌다. 게다가 나는 차에 전혀 관심이 없는 사람이라 두 사람이 자신의 주장을 뒷받침하기 위해 제시하는 온갖 정보들에 대해 판단은커녕 이해도 제대로 할 수가 없었다. 다행히 마침 협상법에 관한 책을 읽고 있었던지라 나는 책의 내용을 실습해 보기로 했다.

우선 상대방이 진정 원하는 것이 무엇인지 충분히 탐색이 필요했다. 두 사람이 각각 수입차와 국산차를 고집하는 이유가 무엇인가? 처음에 동생은 특정 수입차종을 찍어 놓고 "그냥 그 차가 너무 맘에 들어 갖고 싶다. 좀 무리한 가격이기는 하지만 그 정도는 차를 가치가 있다. 아빠는 무조건 국산차 사라는데 난 싫다."고 말했다. 한편 아빠는 "그런 비싼 수입차를 사는 것은 허세이고 낭비. 국산차가 가격 대비 성능이 훨씬 뛰어나다."라고 하셨다. 나는 양쪽을 따로 만나서 그 차종을 고집하거나 반대하는 이유가 무엇인지, 상대방이 어디까지 양보하면 협상할 의사가 있는지를 자세히 물었다. 구체적으로는 "그 차가 왜 좋은데? 다른 차는 왜 싫은데? 다른 마음에 드는 차종은 하나도 없어? 국산차는 왜 싫은데?", "아빠가 반대하는 이유가 수입차라는 거에요? 아니면 가격대에요? 걔가 그 차를 사고 싶어 하는 이유를 알고 있어요? 아빠가 원하는 선택은 뭐에요? 이유가 뭐에요? 이런 선택 정도면 허락하실 수 있어요?" 등의 질문을 던졌다. 그러자 서서히 두 사람의 진짜 의중이 드러났다.

동생은 처음에 얘기한 차종이 자기 재정에 비해 조금 무리가 있음을 분명 알고 있었고, 굳이 고집할 마음도 없었다. 그러나 동생은 국산차만은 사고 싶지 않다는 마음이었다. 국산이라는 게 문제가 아니라, 동생이 원하는 사양과 가격대의 국산차는 두어 종밖에 없는데, 너무 흔한 종이었기 때문이다. 차종이 흔하다는 건 인기가 많고 평가가 좋은 차라는 뜻이지만, 동생이 차를 고를 때 가장 원하는 가치는 무엇보다도 '흔치 않은 것'이었다. 한편 아빠는 '수입차 구입=무조건 허세'라는 다소 치우친 고정관념을 갖고 계셨다. 요즘은 수입차 관세도 많이 낮아졌고 다양한 선택지의 일종이 되었다는 현실을 받아들이지 못하고 계셨던 것이다. 아빠의 진짜 걱정은 젊은 여자가 비싼 수입차를 타고 다니는 것에 대한 사회적 편견에 막내딸이 피해를 보지 않을까 하는 것이었다. 사실 어른들의 편견이라고 해도 그런 편견이 존재하는 것은 사실이니 근거 없는 걱정이라고는 할 수 없었다.

나는 양쪽에 상대방의 진짜 의중을 전달하고 협상의 여지를 찾아보았다. 동생은 아빠의 걱정을 이해했다. 사실 동생도 남의 시선에 개의치 않는 성격이 못 되기 때문에 그 염려를 현실적으로 받아들일 수밖에 없었다. 아빠도 지금은 수입차 선택이 단지 허세만은 아니라는 현실을 적어도 머리로는 받아들이셨고, 무엇보다 동생이 수입차를 사고 싶어 하는 이유가 과시욕이라기보다는 다양성을 추구하는 의도임을 이해하셨다. 이래서 두 사람은 애초에 동생이 찍었던 차종보다는 낮은 사양의, 그만큼 유명하지는 않지만 가격대비 성능이 좋다고 알려진 브랜드의 수입차에서 타협을 보았다. 일단 가격대가 적당한데다 '누가 봐도 비싼 수입차' 브랜드가 아니니 아빠의 염려도 누그러질 수 있고, 동생은 '흔치 않은 차'라는 애초의 목적에 오히려 더 부합하는 선택이어서 만족스러워했다. 애초에 두 사람이 말했던 대로 '국산차vs수입차'라는 쟁점만 가지고 계속 논쟁했다면 타협을 보기 힘들었을 것이다. 나 역시 글로 배운 대화 요령을 성공적으로 실습하면서 가족 분쟁을 해결할 수 있어서 무척 기분이 좋았다. 내가 이때 읽었던 책이 《어떻게 원하는 것을 얻는가》인데, 이 책 안에는 더 좋은 사례들이 가득하니 필요하면 참고하시라.

이런 식으로 상대의 의중을 정확히 세부적으로 파악하면 설득과 타협의 여지를 발견할 가능성이 높다. 사람들은 의외로 자기 자신의 의중조차 정확히 헤아리지 못하는 경우가 많기 때문에 침착하고 끈질긴 대화가 필수이다. 이 과정에서 유의할 점이 몇 가지 있다. 일단 감정적이 되면 안 된다. 앞서 사례에서 나는 제삼자였기 때문에 냉정을 유지할 수 있었지만, 아무래도 의견 차이에 부딪친 당사자는 감정이 상하기 쉽다. **설득을 해야 하는 상황에서는 무조건 감정적이 되는 만큼 성공률이 낮아진다**는 사실을 명심해 두자. 설득이라는 목적을 이루려면 상대방의 감정을 활용하고 맞춰 주는 게 제일 중요하기 때문이다.

그러기 위해서는 말투에도 유의한다. 기본적으로 부정형보다는 긍정형을 사용하는 것이 좋다. 예를 들어 "수입차는 안 돼." 보다는 "국산차를 사는 것이 좋아."가 낫다. 그리고 되도록 몇 가지 대안을 만들고 상대에게 선택의 기회를 주는 편이 좋다. 결과는 마찬가지라도 선택의 여지없이 몰아가면 사람은 거부감을 갖기 마련이다. 대안을 만들 때 상대방의 의사도 참고하면 더 좋다. 그리고 상대가 손해 본다는 느낌을 최대한 덜 받도록 혜택을 강조해서 말하는 요령이 필요하다. 다짜고짜 "그 차를 사면 한 푼도 안 보태줄 거야." 보다는 "그 차를 사는 건 좋은 생각이 아닌 것 같다. 마음에 둔 다른 차는 없니? 이 정도에서 타협한다면 내가 도와주겠다."라고 말하는 편이 훨씬 먹혀들 가능성이 높다. 이런 화법이 다소 기만적이라고 느껴질 수도 있지만, 절대 사실 자체를 속여서는 안 된다는 것도 중요한 사항이다.

거절의 비법:
분명하지만
부드럽게

말하는 데 있어 가장 중요한 기술이 침묵인 것과 같이 대화에 있어 가장 중요한 기술은 '거절'이라고 해도 과언이 아니다. 거절을 '잘 못' 하거나 '잘못'하는 데서 벌어지는 손해와 피해는 엄청나다. 특히 우리 나라는 서구에 비해 공동체와 예의, 권위를 중시하는 문화권이다 보니 거절 자체를 잘 못하는 사람들이 많다. 서양 사람들이 쓴 화법 관련 책을 보면 거절할 때 너무 즉시 딱 자르지 말고 "확답을 미루라." 는 조언이 많은데, 우리나라 사람들은 이런 경향이 지나쳐 문제인 경우가 많으니 적절하지 않은 조언인 듯싶다. 거절하고 싶은 마음이 분명하다면 분명히 의사를 밝히는 게 좋다. 애매하게 말해서 질질 끌다 보면 상대는 점점 분노와 배신감을 느끼게 되고 그 대가는 자신이 받아야 한다.

다만 거절의 의사를 '분명하지만 부드럽게' 표현하는 것에는 요령이 필요하다. 거절할 때 꼭 덧붙여야 할 요소가 세 가지 있다. 첫째, 미안한 마음을 꼭 표현하고 비록 미안하지 않더라도 둘째, 거절할 수밖에 없는 내 상황을 밝히고 _{비록 핑계더라도} 셋째, 거절하는 대신 대안을 제시한다. _{빠져나갈 구멍은 필수} "정말 죄송한데 제가 8월까지 원고 마감이라 너무 바빠서요, 마감 끝내고 여유 생기면 연락드리겠습니다." 이런 거절의 모범답안을 두 번 이상 들었다면 거절이라 생각하는 게 맞다. 아예 거절이 아니라면 대안을 구체적으로 말한다.

간혹 가다 이 정도를 거절로 못 알아듣는 사람도 있긴 하다. 그럼 내가 잘못한 것은 아니지만 좀 더 확실히 말할 필요가 있다. '대안'부터 빼고 다시 말한다. "죄송합니다만 제가 너무 바빠서요." 그래도 못 알아들으면 'No'를 직접 말하는 수밖에 없다. "죄송한데, 안 되겠네요." 단, 일단 모범적인 거절로 안 될 상대라는 판단이 들면 마지막 단계까지 가는 데 시간을 너무 끌어서는 안 된다.

싸움의 기술: '나'를 주어로 말하라

싸움이 꼭 나쁜 것만은 아니다. 특히 가까운 사람끼리의 말다툼은 서로의 의견차를 조율하고 감정을 해소할 수 있는 중요한 과정이다. 갈등을 대충 덮고 넘어가다 보면 묵은 상처가 곪듯 나중엔 정말 풀기 힘든 문제로 돌아오는 경우가 흔하다. 싸움을 해야 할 때는 하되, '좋은 싸움'을 하는 법을 익히는 것이 중요하다. 좋은 싸움의 요건은 상대방에게 치명적인 상처를 입히지 않고 나의 입장과 감정을 최대한 효과적으로 전달하는 것이다.

그러나 싸움은 누구나 부정적인 감정이 고조되어 있는 상태에서 해야 하는 일이므로 의도대로 상황을 컨트롤하기가 말처럼 쉽지 않다. 이때 큰 도움이 되는 말하기 요령이 하나 있다. 부부상담 등 갈등 해결 프로그램에서 흔히 알려주는 요령인데, 싸움을 할 때 말의 주어를 '너'가 아닌 '나'로 하는 방법이다. 예를 들면 "너 말 그런 식으로 하지 마." 보다는 "네가 그런 식으로 말하면 난 너무 스트레스를 받아.", "저것 좀 치워 줘." 보다는 "저것 좀 치워 주면 나는 좋겠어.", "어떻게 너는 나한테 그럴 수가 있어?" 보다는 "네가 그러니까 난 너무 섭섭해."라고 말하는 게 좋다는 것이다.

이렇게 '나'를 주어로 말하면 같은 내용이라도 상대에 대한 '비난'이 아닌 '항의' 혹은 '호소' 쪽으로 들리게 되어 대화의 양상이 훨씬 차분하고 부드러워진다. 일단 시도해 보라. 신기할 정도로 효과가 크고 즉각적이다. 물론 싸우다 감정이 격해지면 상대를 그냥 비난해 버리고픈 욕구가 치솟고, 말투도 절로 거칠어지기 십상이다. 그러나 '주어를 바꾸는 시도' 하나로 오고가는 말과 감정이 얼마나 달라지는지를 한 번 실감하고 나면, 좋은 습관을 붙이려 노력할 동기가 분명 생길 것이다.

유머의 비결:
노력으로
안 되는 게 있다

화법에 있어 확실한 답이 있는 몇 안 되는 분야가 바로 '유머'이다. 결론부터 말하면 유머감각은 후천적으로 발달시키기가 불가능에 가까운 능력이니, 일부러 노력하지 않는 편이 가장 좋다! 유머는 인간이 구사하는 언어 능력 가운데 제일 고차원적이고 난이도 높은 기술이다. 타인들과 대화 가운데 웃고 웃길 수 있는 능력은 고도의 공감 능력과 자기객관화 능력, 대화의 흐름과 상대의 성향을 파악하는 능력, 어휘력과 문화적 소양, 통찰력과 순발력과 개방성 등 엄청나게 다양한 요소가 필요하다. 게다가 그 어떤 목적의 대화보다도 인격과 밀접하게 관련된다.

그러니 유머란 어떤 목적성을 가지고, 더구나 속성으로 발전시킬 수 있는 기술이 결코 아니다. 좌중을 웃겨 보겠다고 책이나 방송 등을 참고해서 어줍잖게 유머를 시도하는 행위는 웃음은커녕 난처함이나 불쾌감만 주기 십상이다. 사람을 웃기는 능력은 관계에서 주도권을 쥘 수 있는 강력한 수단이므로 정말 많은 이들이 탐내는 '절대반지'

이지만, 섣불리 도전했다가는 얻는 것보다 잃는 게 훨씬 많을 수 있으니, 웬만하면 유머에 대한 욕심은 침묵의 미덕을 수양할 수 있는 기회로 삼자.

스스로 유머감각이 없다고 생각하는 사람이라면 잘 웃어주는 사람이 되는 것이 최선이다. 유머감각에 자신 있는 사람이라도 항상 절제를 최우선으로 염두에 두자. 유머는 강력한 만큼이나 위험한 기술이기도 하다. 웃자고 한 말이 얼마나 엉뚱하고 치명적인 결과를 낳을 수 있는지 대부분 경험이 있을 것이다. 무엇보다도 유머 관련 책을 읽고 실습하는 짓만은 절대로 하지 말자. 유머는 글로 배울 수 있는 가능성이 연애보다도 낮은 분야이다.

배려의 기술:
받고 싶으면
먼저 줘라

잘 아는 사이든 처음 보는 사이든 간에 대화를 시작할 때는 상대방에 관한 화제로 시작하는 것이 대화 분위기를 좋게 이끌어가는 요령이다. 나에게 대화를 시작한 목적이 있다면 더 그렇다. "요새 잘 지내? 부모님은 건강하시고?" 하는 식의 빠한 안부 말고 그 사람의 구체적인 근황과 관심사를 고려해서 첫인사를 건네자. 공적인 일로 만난 관계라도 처음에는 인간적인 대화부터 시작하는 것이 좋다. 비록 안 좋은 일, 예를 들어 잘못된 일을 항의하기 위해 만난 사이라도 "수고 많으십니다. 요즘 날이 더워 힘드시죠?"라는 말로 시작하는 것과 입 열자마자 다짜고짜 자기 할 얘기부터 늘어놓는 것과는 결과가 다르다. 별것 아닌 것 같아도 이런 작은 요령이 큰 차이를 만든다. 이것은 근본적인 태도라기보다는 습관에 가까우니, 조금만 노력해서 유익한 습관을 붙여 보자.

말하기 울렁증 극복하기: 시뮬레이션과 반복 훈련

입을 다물지를 못해서 문제인 사람도 있지만 말하는 것 자체를 어려워하는 사람도 있다. 또 사람에 따라 말하기 어려워하는 상황이 다르다. 어떤 사람은 여럿이 있는 자리에서 떠드는 건 잘하는데 일대일로 대화하기는 어려워하고, 그 반대인 사람도 있다. 아무리 말을 잘하는 사람이라도 작정하고 중요한 말을 해야 하는 상황에서는 당연히 긴장이 될 것이다. 말하는 데 자신이 없어 웬만하면 물러서 있는 사람이라도 주도적으로 말을 해야만 할 상황이 있다.

이렇게 반드시 말을 해야만, 혹은 잘 해야만 하는 상황은 대개 미리 예상하고 준비할 수 있는 상황일 것이다. 이때 말하기 울렁증을 극복하기 위해 가장 좋은 전략은 미리 상황을 시뮬레이션 해보는 것이다. 머릿속으로 예상 시나리오를 써 보고, 빠뜨리면 안 될 사항은 메모를 해 둔다. 듣는 이들의 반응과 대화가 흘러가는 방향에 대해 여러 경우의 수를 놓고 대안을 생각해 본다. 물론 실제 상황은 대개 예상한 대로 흘러가지 않고, 예상했던 상황에서도 내가 생각했던 대로 반응하기 어려운 경우가 많다. 그렇게 되면 오히려 더 당황스럽고 실망스러워질 수 있기 때문에 중요한 일을 앞두고는 아예 머릿속을 비워 두는 게 낫다고 생각하기 쉽다.

그러나 아무리 실제와 다르다고 해도 미리 충분히 시뮬레이션을 해 두는 편이 매끄럽게 상황을 끌어가는 데 훨씬 도움이 된다. 다만 반복 훈련이 필요하다. 처음에는 예상과 다른 상황이 벌어졌을 때 당황하기 쉽지만, 훈련을 거듭할수록 시나리오를 효과적으로 쓰는 요령, 예상 밖의 상황일 때 대처하는 요령, 내가 쓴 시나리오에 따라 대화를 이끌어가는 요령을 터득하게 된다. 머리를 비우고 있으면 당장은 편하지만 발전을 할 수가 없다. 운동을 배울 때 처음에는 바른 자세를 취하는 것이 불편하고 어색해서 성과가 더 안 나올 수 있지만, 그 단계를 무시하면 금방 한계에 부딪칠 수밖에 없는 것과 마찬가지다.

실제 운동선수의 경우에도 훈련에서 중요한 부분을 차지하는 것이 시뮬레이션을 통한 마인드 컨트롤이다. 창의적인 대처는 본능과 감각에서 절로 나오는 것이 아니라 철저한 시뮬레이션과 반복 훈련이 바탕이 되어야만 나올 수 있다는 것을 잊지 말자.

말 안 통하는 사람 상대하기: 3단계 전술

끝으로 위에서 얘기한 대화의 기본적 기술을 전혀 갖추지 못한 사람을 상대할 때의 요령을 알아보자. 손바닥도 마주쳐야 소리가 난다고, 내가 아무리 대화에 필요한 바른 자세와 기술을 갖췄다 해도 상대방의 상태가 개차반이라면 대화가 잘 되기란 불가능이다. 말이 안 통하는 사람, 즉 남의 말을 들을 생각이 아예 없고 자기 감정만 분출하는 사람과는 말을 안 섞는 게 상책이지만, 어쩔 수 없는 상황이라면 최대한 피해를 줄이면서 잘 빠져나가는 길을 찾아보자.

분노를 폭발시키고 공격적으로 나오는 상대를 향해 같이 화를 내면 절대로 안 된다. 물론 상대가 화를 내면 나도 화가 나는 게 당연하지만, '내가 따라서 화내면 지는 거'란 마음으로 이를 악 물고 감정을 붙잡아라. 가장 좋은 방법은 역시 입을 다물어 버리는 것이다. 상대가 말꼬리를 잡고 늘어질 때도 빠져나갈 길은 이것뿐이다. 일단 입을 다물고 상대가 혼자 쏟아 붓도록 내버려 둬라. 말도 안 되는 소리를 일일이 들으면서 혈압 올릴 것 없이 잠시 딴 생각을 하는 것도 좋다. 상대가 혼자 떠들다 지치거나 숨차거나 마음이 조금 풀려서 쉬어갈 수 있는 참에 입을 열고, 차분한 말투로 다음 3단계에 따라 말한다. 상대방이 한 말의 내용을 확인해 준다. 심한 말을 들었다면 그것을 그대로 반복한다. 다음으로 일단 옳은 점을 하나라도 찾아 인정해 준다. 마지막으로 내가 도저히 동의할 수 없는 점을 분명히 지적하는 것으로 말을 맺는다.

"알겠습니다, 어머님. 제가 잘못이 없는 아이를 야단쳤으니 사과하라는 말씀이시지요? 저 때문에 아이가 좀 놀란 건 맞는 것 같습니다. 그렇게까지 놀라게 할 생각은 아니었는데 아이한테 미안하네요. 하지만 아이가 여기서 이렇게 시끄럽게 뛰어다닌 것은 잘못이라고 생각합니다. 다른 손님들을 위해서라도 야단칠 수밖에 없었습니다." 물론 십중팔구 그 사람은 여기서부터 다시 화내기 시작할 것이다. 그래도 휘둘리지 말고 위의 단계를 반복한다. 그게 최선이니 최선을 다했다면 결과가 어떻든 자책은 하지 않도록 한다.

내 입 사용
실천 지침

▼

✔인간관계에서 화술은 가장 중요한 기술 중 하나이다. 상황별 말하기 요령을 요약한 다음 표를 보고 나에게 있어 급히 개선이 필요하다고 느껴지는 항목에 우선순위를 체크하고, 각각의 실천상황을 점검해 보자.

상황별 말하기 요령	우선순위	실천 상황 점검 (언제 어떤 상황에 시도해 봤더니 얼마나 적용이 잘 되었고 어떤 성과가 있었는지 구체적으로 적는다)
침묵의 가치 **입을 다무는 것이 좋을 때 :** 1. 어떤 말을 할까 말까 몹시 망설여질 때 2. 내가 자리에서 압도적으로 '윗사람'의 위치에 있을 때 3. 내 감정이 몹시 격해져 있을 때		
상담의 비법 **남의 고민을 들어줄 때 :** 1. 상대의 말을 들어주는 데 집중하고, 섣부른 충고보다는 질문을 한다. 2. 조언은 한두 번만 분명히 말하되 상대가 따를 거란 기대는 접어둔다. 3. 들어주는 나도 감정과 기운이 소모되고 있다는 사실을 너무 감추지 않는다. **내가 남에게 고민을 털어놓을 때 :** 1. 당장 와 닿지는 않더라도 대부분의 경우엔 '남의 말이 다 맞다'는 것을 명심한다. 2. 자신의 귀중한 시간과 에너지를 들여 내 이야기를 들어주고 있는 것만으로 상대에게 감사한 마음을 갖는다.		

설득의 비법
1. 동의할 수 없는 말이라도 일단 진지하게
   경청하여 상대를 호의적으로 만든다.
2. 침착하고 끈질기게 대화하여 상대의 숨은
   의중을 파악하고 타협의 여지를 찾아본다.
3. 내 감정은 최대한 자제하고, 상대방에게
   필요한 감정적 지불을 해준다.
4. 부정형보다 긍정형으로 말한다.
5. 대안을 만들고 상대에게 선택의
   기회를 준다.
6. 절대 사실 자체를 속여서는 안 된다.

거절의 비법
분명하게, 그러나 부드럽게.
1단계. 미안한 마음을 표현하고,
2단계. 거절할 수 밖에 없는 상황을 밝히고,
3단계. 거절하는 대신 대안을 제시한다.

싸움의 기술
말의 주어를 '너'가 아닌 '나'로 하여 같은
내용이라도 비난이 아닌 항의 혹은 호소로
들리게 한다.

유머의 비법
유머감각은 후천적으로 발전시키기가
불가능에 가까운 영역이므로,
굳이 노력하기보다는 침묵을 수양할
기회로 삼는 것이 좋다.

배려의 기술
나에게 목적이 있는 대화를 할 때는
상대방에 관한 화제로 시작하는 것이 좋다.

말하기 울렁증 극복하기
시뮬레이션 & 반복 훈련이 가장 효과적이다.

말 안 통하는 사람 상대하기
분노로 이성을 잃고 공격적으로 나오는
사람을 상대할 때는 결코 따라서 화를 내면
안 된다.
1단계. 상대방이 한 말의 내용을 확인하고,
2단계. 옳은 점을 하나라도 찾아내 인정해
       주고,
3단계. 내가 도저히 동의할 수 없는 점을
       찾아 분명히 지적한다.

당신의 지도를 보고 싶다

　생전 안 읽던 자기계발서를 수십 권씩 읽고 비평하고 또 집필까지 하는 과정에서 자기계발서가 잘 나가는 진짜 이유를 알게 된 것 같다. 뭔가 다른, 보다 좋은 자기계발서를 쓰고자 하는 마음에서 내가 유독 여러 번 반복한 말들을 다시 읽으며 깨닫게 되었다. "세상일에 확실한 기준이나 경계선은 없다." "불편함을 감수해야 한다." "자신이 판단하고 결정할 수밖에 없다." 이와 반대로 안타깝게도 사람들이 자기계발서를 찾는 이유는 대부분 인생의 '확실한' 답을 '편하게' 찾고 싶은 마음에서인 듯하다. 확실함과 편안함을 추구하는 것은 인간의 본능이니 그 마음은 잘못이 아니지만, 진정한 도움을 줄 수 있으려면 조금 더 확실한 길을 조금 더 편하게 갈 수 있는 방법을 알려 주기 이전에 삶은 본질적으로 애매하고 불편한 길이라는 사실을 납득시켜야 한다는 결론에 이르게 되었다. 그게 진실이고, 현실이기 때문이다.

'불편한 진실'이라는 말이 왜 있겠는가? 그게 보기 싫다고 달콤한 '힐링'이나 속 시원한 '독설'에 기대 보았자 잠시의 위안이나 자극제는 될 수 있을지언정 근본적인 해결책이 될 수는 없다. 우리가 발 딛고 있는 곳은 현실이고, 시간은 진실 쪽으로 흘러가게 되어 있으니 말이다.

물론 위안이나 자극제도 필요하다. 치료와 투병 과정에서 진통제나 영양제 사용을 거부하는 것도 어리석은 짓이다. 최선의 노력을 다해 고통을 줄이고 힘을 북돋워야 어려운 과정들을 이겨낼 수 있다. 그러나 진통제에 의존해 근본적인 치료를 미루고 거부한다면 훨씬 치명적인 일이다. 그럴 바에는 진통제도 끊는 것이 낫다. 치료의 필요성이라도 절감할 수 있기 때문이다. 아무리 진통제를 최대치로 투여해도 진짜 치료는 고통스럽고 힘들고 불확실한 과정이다. 그러나 이 과정을 계속해서 피한다면 마지막에는 손 댈 수 없는 고통과 파멸이 기다릴 뿐이다.

이보다 더 위험한 게 진통제를 치료약이라 믿는 일이다. "간절히 원하고 진심으로 믿으면 다 이루어진다."거나 "모든 걸 걸고 독하게 노력하면 성공할 수 있다."거나 "모든 존재는 태어난 그대로 완전하다."는 조언 혹은 위로들은 모두 한편으론 진실을 담고 있으며 존중할 만한 말들이다. 그러나 내가 헤쳐 나가야 할 진짜 세상과 삶은 이런 짧은 말들로 요약하기에는 터무니없이 복잡하고 불확실하다는 사실을 잊지 말아야 한다. 인간은 이 어려운 세상을 이해하고 설명하고 싶어서 수없이 많은 이론들을 만들어냈다. 종교도 철학도 사상도 과학도 모두 그런 노력의 일환이다. 하지만 그 어떤 정교한 이론이라도 세상의 모든 면을 완벽하고 정확하게 담아낼 수는 없다. 인간의 지혜로 세상의 진리를 파악하겠다는 것은 비유하자면 입체적이고 복잡한 공간을 평면 지도에 그려내는 것과 마찬가지다. 아무리 제대로 그리려고 노력해도 시선의 위치와 그리는 기법에 따라 왜곡이 생길 수밖에 없다. 실제 구조를 최대한 정확하게 이해하려면 다양한 시선과 기법으로 그린 지도들을 여러 장 보고 종합적으로 파악하는 수밖에 없다.

이런 과정이 어렵고 짜증나기 때문에 사람은 한두 가지 자기 마음에 드는 지도에만 의존해 인생길을 가려 하고, 다른 사람들도 그에 동조해 주기를 원하기 쉽다. 세상에는 정말 많은 종류의 지도가 있고 그 모든 지도를 섭렵할 수는 없으므로 각자 자신에게 적당한 지도를 골라야 하는 것은 맞다. 사실 자신에게 가장 적당한 지도의 밑그림은 타고난 본성 속에 간직되어 있다. 다만 평생에 걸쳐 스스로의 경험도 더하고 다른 지도들도 참고하며 자신의 지도를 보완하고 완성해 가야 하는데, 그런 과정은 제쳐둔 채 형편없이 불완전한 지도만 들고 끙끙대며 길이 안 찾아진다고 불평하니 문제다.

더 나아가 자신이 선택한 지도만이 절대적인 진리라 믿고 여기에 들어맞지 않는 세상이 문제이며, 그걸 고쳐야 할 사명이 자신에게 있다는 신념까지 갖게 되면 자칫 끔찍한 일들을 벌일 수도 있다. 한때 공산주의자들은 자본가 계급을 없애고 생산수단을 공동체가 갖게 되면 완벽한 세상이 올 거라 믿었고, 반대로 자본주의자들은 모든 걸 인간의 자연스러운 욕심과 시장 체제에 맡겨두면 세상만사가 해결될 거라 믿었다. 그런 이들이 지배한 세상은 모두 전쟁과 대량 학살, 대량 아사로 끝났다. 과학은 발달할수록 인간과 지구의 문제를 해결하기는커녕 더 심각한 문제들을 만들어내는 요인이 되고 있다. 종교는 또 어떤가? '예수 천당, 불신 지옥'과 같이 초 간단한 말은 진리와는 거리가 먼 것일 수밖에 없다. 진리는 그렇게 간단한 게 표현할 수가 없기 때문이다. 실제로 성경은 온통 모순되고 애매한 표현으로 가득 차 있다. 예수가 직접 하신 말씀만 추려 봐도 그렇다. 그 해석을 두고 역사적으로 수없이 많은 논쟁과 갈등이 벌어졌으며, 많은 경우 그 승리는 보다 '깔끔하고 편한' 해석을 택한 쪽에 돌아갔다. 그 결과 중 하나가 예수의 본질과는 완전히 멀어져 버린 지금 대한민국의 '개독교'이다. 인간들의 한계가 그 정도임에도 불구하고 기독교를 포함한 여러 종교들이 수 천 년 동안 생명력을 유지하고 있는 건 그래도 본래의 교리가 갖고 있는, 이 세상의 불확실함을 포용하고 불편함을 꿰뚫어볼 수 있는 힘 덕분일 것이다.

이렇듯 삶은 복잡한 것이기에 내게 가장 잘 맞고 익숙한 지도 말고도 다른 지도에도 끊임없이 관심을 갖고 배우려 노력해야 인생길을 올바로 헤쳐 나갈 수 있다. 자기계발서를 즐겨 읽는 것은 좋지만 다른 분야의 책도 읽어야 하고, 다양한 매체도 고루 접해 봐야 한다. 내가 사는 세상은 어떤 과정을 통해 만들어졌는지, 지금 내 주변에서 무슨 일들이 일어나고 있는지도 대강은 알아야 하고, 가끔은 나와 전혀 다른 사상, 종교를 가진 사람들의 목소리도 들어 봐야 한다. 그러다 보면 때로 전혀 기대하지 않았던 곳에서 진리의 한 조각을 발견하게도 된다. 내가 학창시절에 재밌게 봤던 〈이나중 탁구부〉미노루 후루야 지음라는 만화가 있다. 내용 자체는 진지함과는 전혀 거리가 멀고 주접스럽기 짝이 없는 개그 만화인데, 결말 부분에 "인류의 가장 큰 적은 '귀찮음'"이라는 대사가 있었다. 이상하게도 인상 깊었던 그 말이 살면 살아볼수록 진리라는 걸 깨닫게 된다.

인간을 지혜와 멀어지게 하고 끝내는 인간성의 바닥까지 드러내기도 하는 힘이 놀랍게도 '귀찮음─복잡하고 불편한 걸 피함'이라는 사실은 일상은 물론이고 역사적인 사건을 통해서도 확인할 수 있다. '귀찮아서' 자꾸 택시 타고 다녔더니 택시비 폭탄 맞고, 살찌고…, 결국 헬스장 가서 돈 쓰면서 개고생하게 된다. '귀찮아서' 무시했던 배우자의 불만이 쌓이고 쌓여 이혼 요구까지 받게 된다. '귀찮아서' 바로 옆에서 일어나는 폭력을 내버려 뒀더니 결국 왕따 자살 사건의 방조자가 된다. '귀찮아서' 외면했던 관행과 적폐들이 쌓이고 쌓여 수백 명의 목숨을 빼앗는 대형 사고가 난다. '귀찮아서' 하라는 대로만 했더니 수 천 수만 명을 학살한 전범이 되어 있다.

과장이 아니다. 2차 대전 시기 나치 독일군의 유대인 학살 책임자로 지목된 아이히만이라는 사람이 인간적으로는 너무나 선량한 이웃이고 성실한 직장인이자 자상한 아버지의 모습이었다는 사실이 세계인을 충격에 빠뜨린 역사가 있다. 한나 아렌트라는 학자가 〈예루살렘의 아이히만〉이라는 명저에서 이 현상을 '악의 평범성'이라는 말로 분석한 바 있다. 평범한 처지 덕에 평범한 사람으로 살고 있는 우리는 좀처럼 이런 현실을 받아들이기가 힘들다. 확실함과 편안함을 추구하는 우리의 본능은 모든 사람을 내 편 아니면 네 편, 착한 사람 아니면 나쁜 사람으로 선을 긋고 싶어 한다. 아이히만과 반대로 보편적 인권과 평화를 위해 열정을 갖고 일하는 사람이라면 가정에서도 좋은 남편, 아버지일 거라고 기대한다. 그러나 현실은 그렇지 않거나, 오히려 정반대인 경우도 많다.